社会的養護 I・II

[改訂版]

[監修]　小宅理沙
[編著]　中 典子
　　　　潮谷光人
　　　　今井慶宗
[執筆協力]　松井圭三

翔雲社

はじめに

　保育士養成校においては、2019（平成31・令和元）年度からこれまで「社会的養護」「社会的養護内容」として開講されてきた科目が「社会的養護Ⅰ」「社会的養護Ⅱ」として開講されることとなりました。

　「社会的養護」の目標は、2018（平成30）年度まで「①現代社会における社会的養護の意義と歴史的変遷について理解する」「②社会的養護と児童福祉の関連性及び児童の権利擁護について理解する」「③社会的養護の制度や実施体系等について理解する」「④社会的養護における児童の人権擁護及び自立支援等について理解する」「⑤社会的養護の現状と課題について理解する」でした。2019（平成31・令和元）年度からの「社会的養護Ⅰ」では、そのうち、②が「子どもの人権擁護を踏まえた社会的養護の基本について理解する」、④が「社会的養護の対象や形態、関係する専門職等について理解する」というように再編されました[1]。

　そして、「社会的養護内容」の目標は、2018（平成30）年度まで「①社会的養護における児童の権利擁護や保育士等の倫理について具体的に学ぶ」「②施設養護及び他の社会的養護の実際について学ぶ」「③個々の児童に応じた支援計画を作成し、日常生活の支援、治療的支援、自立支援等の内容について具体的に学ぶ」「④社会的養護にかかわるソーシャルワークの方法と技術について理解する」「⑤社会的養護を通して、家庭支援、児童家庭福祉、地域福祉について理解や認識を深める」でした。2019（平成31・令和元）年度からの「社会的養護Ⅱ」では、「①子どもの理解を踏まえた社会的養護の基礎的な内容について具体的に理解する」「②施設養護及び家庭養護の実際について理解する」「③社会的養護における計画・記録・自己評価の実際について理解する」「④社会的養護に関わる相談援助の方法・技術について理解する」「⑤社会的養護における子ども虐待の防止と家庭支援について理解する」となりました[2]。

　これらのことから、子どもの最善の利益を考慮した支援、家庭養護の実際、子どもへの虐待防止に向けての子育て支援の充実について、今まで以上に学ぶ必要があると考えられるようになりました。また、2019（平成31）年4月1日に「児童福祉法及び児童虐待の防止等に関する法律の一部を改正する法律」が公布・施行されたこ

とから、わが国の子どもと子どもを取り巻く環境に対する支援（特に親支援）が必要になってくると感じたところでした。

　2019（令和元）年10月10日に、私たちは、以前に出版しました『社会的養護・社会的養護内容』にもとづいて編集し、子ども理解を重視した内容として『社会的養護Ⅰ・Ⅱ』を出版しました。しかし、出版後、シラバスを確認していくうちに、「社会的養護における保育士等の倫理と責務」「被措置児童等の虐待防止」「社会的養護と地域福祉」「施設等の運営管理」「社会的養護に関わる専門的技術」についての内容について、充実を図る必要性を感じました。そこで、『社会的養護Ⅰ・Ⅱ』の内容にこれらの内容を加筆・修正し、本書『社会的養護Ⅰ・Ⅱ（改訂版）』を作成することになりました。

　本書『社会的養護Ⅰ・Ⅱ（改訂版）』は、『社会的養護・社会的養護内容』や『社会的養護Ⅰ・Ⅱ』と同様に、引き続き「社会的養護Ⅱ」が「社会的養護Ⅰ」の学びを実際の場面で生かすことができるように構成しています。守秘義務の関係上、架空事例を用いて事例が提示されているものもありますが、当事者の許可を得て示した実例をも含んでおります。これは、本テキストを利用してくださる皆様に、支援のあり方に関する理解を深めることにもなると考えたからです。

　『社会的養護・社会的養護内容』『社会的養護Ⅰ・Ⅱ』に引き続き、『社会的養護Ⅰ・Ⅱ（改訂版）』にも様々な事例を提示しています。このような事例を読み、理解を深め、皆様の社会的養護についての学びが深まることを願います。

　2022年4月1日

中　典子

注

1）2）厚生労働省子ども家庭局長通知「指定保育士養成施設の指定及び運営の基準について」の一部改正について（2018（平成30）年4月27日）

参考文献

厚生労働省雇用均等・児童家庭局長「保育士養成課程を構成する各教科目の目標及び教授内容について」https://www.hoyokyo.or.jp/http://www.hoyokyo.or.jp/nursing_hyk/reference/29-3s2.pdf〈2021年5月29日〉

衆議院「閣法 第196回国会 41児童福祉法及び児童虐待の防止等に関する法律の一部を改正する法律案要綱」http://www.shugiin.go.jp/internet/itdb_gian.nsf/html/gian/honbun/youkou/g19601041.htm〈2021年5月29日〉

目　　次

第1部　社　会　的　養　護　Ⅰ

第1章　子どもの健全育成と社会の役割

第2章　社会的養護の歴史

第3章　子どもの権利

第2部　社　会　的　養　護　Ⅱ

第1部　社会的養護Ⅰ

第1章　子どもの健全育成と社会の役割

1. 社会的養護が求められる背景

(1) 子どもを取り巻く生活環境

　子どもが生活する家庭が不安定であると、医療・保健を含む様々な社会資源の利用を難しくさせ、子どもの成長、学習向上、栄養状態の維持に影響する。このことは、子どもの自立にも影響がでることを意味する。子どもの不安定な生活環境によって、彼らが虐待を受け、不安定になることもあり、その健全育成を難しくさせる。

　子どもの健全育成には、子どもを取り巻く社会環境を整える必要がある。内閣府(2016) は、それらを整備する目的として、子どもだけでなく若者に対しても必要な支援体制の内容を提示している[1]。それは、①家庭・学校・地域の相互関係の再構築、②子育て支援等の充実、③有害環境等への対応、④仕事と子育ての調和である。具体的には、①は、保護者等への積極的働きかけ、チーム学校・地域との連携と協働、地域全体で子どもを育む環境構成、子どもの犯罪被害予防である。②は、子ども・子育てを応援する社会の実現推進のため、少子化対策の推進・保育サービスの充実、認定こども園制度の普及と促進、幼稚園での子育て支援、児童手当制度の充実である。③は、法律の施行、ネット依存への対応等である。④は、仕事と子育てが両立できるように支援することである。

　これらのことから、子どもの生活環境を整えるのは、保護者だけでなく社会全体もその役割を担うことを意味していることがわかる。また、法制度としては、2016 (平成28) 年6月3日に公布・施行された改正「児童福祉法」第2条第2項の「児童の保護者は、児童を心身ともに健やかに育成することについて第一義的責任を負う」、第3項の「国及び地方公共団体は、児童の保護者とともに、児童を心身ともに健や

かに育成する責任を負う」である。つまり子どもの養育は、保護者と社会が連携して行い、社会は子どもの養育・親への子育て支援を行っていくということである。

(2) 子ども・子育ての支援体制

　わが国は、少子化社会対策の重点課題として、①子ども・子育て支援新制度の円滑な実施、②待機児童の解消、③「小1の壁」の打破を含む「子育て支援施策の充実」をおいている。

　①は、地域に応じた幼児教育・保育・子育て支援の質と量を充実させることである。例えば、認定こども園・幼稚園・保育所に対する共通給付として「施設型給付」と小規模保育等に対する「地域型保育給付」の創設や、認定こども園制度の改善、地域子育て支援事業の充実を促している。地域の子育てニーズに対応するためには、利用者支援事業の創設、地域子育て支援拠点事業の設置促進、一時預かりと幼稚園での預かり保育の再編、延長保育・夜間保育・病児保育の推進、事業所内保育の充実と地域保育事業の「児童福祉法」への位置づけ、ファミリー・サポート・センター事業の普及促進がなされている。②の待機児童の解消については、政府が、「新子育て安心プラン」と「保育人材確保対策」を推進している。③は、「新・放課後子ども総合プラン」を推進することと、放課後児童クラブの充実である。

　さらに、子育ての段階に応じて、「子育ての経済的負担の緩和・教育費負担の軽減」「多様な主体による子や孫育ての支援」「子育てしやすい住宅の整備」「小児医療の充実」「子どもの健やかな育ち」「『食育』等の普及・促進及び多様な体験活動の推進」「ひとり親家庭支援」「児童虐待の防止、社会的養護の充実」「障害のある子ども等への支援」「ニート、ひきこもり等の子ども・若者への支援」がなされている。

　特に、児童相談所における児童虐待相談対応件数の増加[2]により、国と地方公共団体は、児童虐待防止の普及啓発、児童虐待の未然防止とともに、社会的養護の充実、家庭的養護の推進を図ることになっている。子どもが安心して過ごすことのできる社会的な支援体制を整えることで、彼らの生活の安定をもたらしていくことを目指している。

2. 社会的養護が目指すもの

(1) 社会的養護とは

　厚生労働省は、社会的養護[3]を、保護者のいない、または、保護者に監護させることが適当でない子どもを、公的な責任で社会的に養育・保護するとともに、養育に困難を抱える家庭への支援を行うこと、と定義している。子どもが生活する家庭の養育機能が十分でないときに、家庭を代替する子どもの養育をするということである。その理念は、「児童の権利に関する条約」に含まれる"子どもの最善の利益の尊重"と"社会全体で子どもを育む"ということである。これは、子どもの養育は、保護者だけでなく社会もその役割を担う、ということを意味する。社会は、子どもの健全育成を目指すために、子どもの生活支援、自立支援をするとともに、子ども・子育て環境を整える必要がある。

(2) 社会的養護の充実

　社会的養護の充実に向けた取り組みには、里親委託・ファミリーホームの設置運営の促進、施設の小規模化と家庭的養護の推進、親子関係再構築の支援がある[4]。
　里親委託の推進については、まず、全国里親委託等推進委員会が、関係者との情報共有・意見交換を行う。そして、里親の養育技術向上、里親支援・里親委託の推進方策の向上のための調査研究を行う。それにもとづいて、事例集・マニュアル・研修資料を作成し、児童相談所や里親支援機関に提供する。
　施設の人員配置は、被虐待児の増加により、基本的人員配置の増加を計画しており、2015（平成27）年度の予算で、児童養護施設等の職員配置を5.5：1から4：1とするように計上した。また、教育と自立支援のための措置費として、2009（平成21）年度には、幼稚園・学習塾・部活動費を新設するなどしている。2012（平成24）年度には、資格を取得するための高校生に対する特別育成費加算の新設、就職と大学進学等支度費の増額をしている。2013（平成25）年度には、就職・進学に役立つ資格取得・講習等受講の経費支弁を、また高等学校等に在学していない子どもも対象としている。2015（平成27）年度には、補習費や補習費特別保護単価を創設し、子どもの教育保障を図っている。不安定な養育環境において、学習機会が確保されてい

なかった児童養護施設等に入所してきた子どもに対して教育を保障し、退所後の自立支援に向けての学習支援の充実を図っている。

　また、「児童福祉法」で、児童とは18歳未満の者と定義されている。児童養護施設や里親では、必要な時には20歳未満まで措置延長できるとされる。

3. 社会的養護における保育士の役割

　社会的養護の場所は、不安定な家庭環境で生活してきた子どもたちが安心して過ごす場所である必要がある。そのために、保育士は、彼らの関係性の回復をめざして、家庭・里親への支援、家族と退所児・者への支援、地域支援・地域連携、保護・養育・教育・心理的ケアを行わなければならない。

　よって、保育士は、子どもが自らの思いを告げることができるよう、彼らの声に耳を傾け、語りたい思いを理解する、つまり、傾聴することが求められる。そして、子どもが充実した生活を送ることができるようにするため、個々に応じた生活支援の方法を考えるように心がけることが求められる。また、地域との交流を図るように心がけることが求められる。さらに、子どものやる気を引き出せるようにするため、生活関連課題に向き合う作業の同行者となるよう心がけることが求められる。

注

1) 内閣府（2016）『子供・若者白書　平成28年版』日経印刷
2) 厚生労働省HP『平成27年度 児童相談所での児童虐待相談対応件数〈速報値〉』
　http://www.mhlw.go.jp/file/04-Houdouhappyou-11901000-Koyoukintoujidoukateikyoku-Soumuka/0000132366.pdf
3) 厚生労働省HP「社会的養護」
　http://www.mhlw.go.jp/stf/seisakunitsuite/bunya/kodomo/kodomo_kosodate/syakaiteki_yougo/
4) 3) に同じ

参考文献

岩本健一（2012）「子ども・家庭を取り巻く生活環境と社会的養護の視点」中野菜穂子・水田和江『社会的養護の理念と実践』みらい
厚生労働省HP「社会的養護」
　http://www.mhlw.go.jp/stf/seisakunitsuite/bunya/kodomo/kodomo_kosodate/syakaiteki_yougo/〈2016年12月31日〉

厚生労働省（2016）『社会的養護の現状について（参考資料)』
　http://www.mhlw.go.jp/file/06-Seisakujouhou-11900000-Koyoukintoujidoukateikyoku/0000143118.
　pdf〈2016年12月31日〉
児童福祉法　http://law.e-gov.go.jp/htmldata/S22/S22HO164.html〈2016年12月31日〉
社会保障審議会児童部会（2016）『新たな子ども家庭福祉のあり方に関する専門委員会　報告（提
　言)』　http://www.mhlw.go.jp/file/05-Shingikai-12601000-Seisakutoukatsukan-Sanjikanshitsu_
　Shakaihoshoutantou/0000116161.pdf〈2016年12月31日〉
伊達悦子（2012）「児童養護と保育士」伊達悦子・辰巳隆『保育士を目指す人の養護原理』みらい
内閣府（2016）『子供・若者白書　平成28年版』日経印刷
内閣府（2020）『少子化社会対策白書　令和2年版』日経印刷

第2章　社会的養護の歴史

1. 外国における社会的養護の歴史

(1) イギリスにおける社会的養護の歴史

1) エリザベス救貧法の制定から19世紀末まで

　16世紀になると地主による農地の囲い込み、都市部でのギルドの衰退、宗教改革に伴う教会領の没収等により、貧困問題が深刻化し、貧困家庭で生活する児童は徒弟に出された。

　このような状況のなか、1601 (慶長6) 年に、国家が「エリザベス救貧法」を制定し、児童を含む貧困状況にある者が公的救済を受けられるようになった。この法のもと、教区単位で貧民や貧民児童の救済に力点を置き、労働能力の有無で選別が行われた。親による扶養ができない児童に対しては、男子24歳、女子21歳もしくは結婚に至るまでの間、徒弟奉公により職業訓練を行い、職人としての技能をつけさせることを目的にしていた。1722 (享保7) 年には「ワークハウステスト法」が制定され、孤児や貧困児童も労役場 (ワークハウス) で雇用されるようになった。しかし、そこは悲惨な環境で人道的にも問題があり第2の牢獄ともいわれた。

　18世紀末になると産業革命が起こり、機械の発明と使用により熟練労働者から低賃金で雇用できる児童や女性に労働力がシフトする現象が起きた。また、労役場の劣悪な労働環境が、イギリス議会の児童労働調査委員によって明らかにされ、1782 (天明2) 年には、「ギルバート法」により児童保護がなされ、1802 (享和2) 年には「徒弟法」により、児童の1日の労働時間は12時間以内となった。1833 (天保4) 年には、乳幼児の教育を重視したロバート・オーエンの活動により「工場法」が制定され、最低雇用年齢や児童の最長労働時間を定め、児童の夜間労働禁止、働く児童の1日2時間の通学を義務づけるなど雇用と教育の改善が行われた。これらの一連の

改善により、これまで大人と同様に働けない場合にのみ社会的養護を受けることができた児童が、教育を受け成長の途上にあるものとして見直されるようになった。オーエンは、人間の性格は環境によって決定されると説き、工場などに性格形成学院を設置し、歩きはじめてから5歳までを対象とした幼児学校、6歳から10歳を対象とした昼間学校、11歳以上で労働の後に学ぶ夜間学校とに分けたが、そのなかの幼児学校は、後の保育所の原型となる。

　1870 (明治3) 年には、「児童のための扉はいつでも開けてある」をスローガンにしたバーナードが、小舎制のビレッジホームであるバーナード・ホームを設立し、これまでの大規模収容施設による弊害を防止する取り組みが行われた。また、バーナードは里親による養育にも取り組み、後のイギリス里親制度の原型を作った。

　1883 (明治16) 年には、アメリカの影響を受けリバプールに児童虐待防止協会が結成され、これがイギリス全土に広まることになり、1889 (明治22) 年に「児童虐待防止法」と「児童保護法」が制定された。

　1893 (明治26) 年にはシェフィールド貧民保護委員会による分散ホームが設立され、地域の住宅と同様の建物に少人数の児童と保護者を居住させ、地域の公立学校へ通わせた。この分散ホームは1953 (昭和28) 年にはファミリー・グループホームとしてマンチェスターで再生する。

2) 20世紀から今日に至るまで

　20世紀に入るとイギリスの社会的養護は大きく進展していく。1908 (明治41) 年にはイギリスの児童憲章と呼ばれる「児童法」が制定され、1922 (大正11) 年には、児童救済基金団体連合による世界児童憲章が発表され、児童の権利が強く謳われた。第二次世界大戦末期の1944 (昭和19) 年に起きた里親虐待による死亡事件により、翌年3月にはカーティス委員会が設置され、その翌年の1946 (昭和21) 年には、身体的養護のみならず人間的・精神的養護の向上増進の必要性が報告された。

　これを受けて、1948 (昭和23) 年に「児童法」(the Children Act) が制定された。この法では、児童にとって家庭生活が何よりも大切であり、それを補うものとして公的児童養護を位置づけていた。すなわち児童養護においては里親委託を最優先し、それが不可能な場合、児童収容施設へ委託してもよいと規定された。しかし、この法では、親による養育を支援し、子どもの要保護性の発生自体を予防することにつ

いての規定が十分ではなかったので、1956（昭和31）年には、この問題を補うためにイングルビー委員会が設置された。そしてここでの報告を受け1963（昭和38）年には「児童青少年法」が制定された。また、1989（平成元）年の「児童法」では、児童養護に関する地方自治体の責任を明らかにし、18歳未満の子どもを持つ親による監護や養育の責任、児童や親、並びに関係機関とのパートナーシップを提示することなどの改善が明記された。

(2) アメリカにおける社会的養護の歴史

1) 独立宣言による建国から19世紀末まで

　独立宣言以前のアメリカは、イギリスの「エリザベス救貧法」に準じた制度で児童や貧困問題に対応していた。1776（安永5）年の独立宣言以降、政府は開拓精神を喚起し、そのため、多くの児童が労働力とみなされて労働を強いられた。

　19世紀の産業革命期では、失業や貧困などの社会問題はさらに深刻化し、その対策として公立の救貧院が設立されたが、児童は大人との混合収容を余儀なくされ、また、不衛生で、食事や教育も十分に与えられない状況にあった。

　1874（明治7）年には、児童保護を目的とした児童虐待防止協会が設立され、それは、イギリスにも影響を与えた。一方、イギリスの民間慈善事業である慈善組織協会やセツルメント運動がアメリカに移入されると、各地で活動が始まり、その代表的なものとしては1889（明治22）年にジェーン・アダムズによりシカゴで始まったハル・ハウスがある。無料幼稚園からスタートしたハル・ハウスには、これを支援するために幼稚園教員が集まり、そこでは、貧困地区で生活する幼児への教育活動が行われた。アダムズが始めたこの活動は、貧困社会や地域社会の改善へとつながっていく。

2) 20世紀から今日に至るまで

　20世紀に入ると、社会的養護による児童保護対策も大きく進展し、各州で母子扶助制度の取り組みが始まった。1909（明治42）年には「児童のための第1回ホワイトハウス会議」が、セオドア・ルーズベルト大統領により開催され、「家庭は、文明の最高にして最も素晴らしい所産であり、子どもは緊急やむを得ない理由がない限り、家庭生活から引き離してはならない」という基本方針が打ち出され、子どもに対す

る家庭養育や社会的養育、すなわち連邦政府による子どもの教育や保護の実施が決定された。また、この実施を受けて1912（大正元）年には連邦児童局が創設され、1919（大正8）年には「アメリカ児童福祉連盟」が結成されるに至った。

　1929（昭和4）年になるとアメリカ発の世界大恐慌が勃発した。フランクリン・ルーズベルトは、ニューディール政策を実施するとともに、1935（昭和10）年には「社会保障法」を制定し、これにより児童養護対策が社会保障の一環として位置づけられた。1974（昭和49）年には「児童虐待防止法」が制定され、家庭裁判所も子どもの保護に関与することになった。

2. 日本における社会的養護の歴史

(1) 社会的養護のはじまり

1) 古代社会から鎌倉時代まで

　児童の救済・養護について歴史を遡ると、扶養者のいない捨て子や孤児に対する養育が行われ、崇神天皇時代の四道将軍の一人である大彦命（おおひこのみこと）による捨て子養育が、わが国における社会的養護のはじまりとされている。6世紀になると仏教が伝来し、国家の庇護を受けて政治・社会へと繁栄され、593（推古天皇元）年には聖徳太子によって悲田院（ひでんいん）、療病院（りょうびょういん）、敬田院（きょうでんいん）、施薬院（せやくいん）からなる四天王寺四箇院が建立された。そのうち悲田院は身寄りのない孤児や生活困窮民を収容保護した。その後、仏教思想を背景に、723（養老7）年には光明皇后による悲田院、756（天平勝宝8）年には和気（わけの）広虫（ひろむし）の捨て子・孤児の養育が行われた。

　鎌倉時代になると、僧であり三大慈善家といわれている忍性（にんしょう）、叡尊（えいぞん）、重源（ちょうげん）による窮民救済が有名であり、そのなかでも忍性は、捨て子を養育したり、沐浴させたりすることはもちろん、病人から高齢者まで生活に困窮するあらゆる人の救済に努めた。

2) 室町時代から江戸時代まで

　室町時代の後期になるとカトリックの神父であるフランシスコ・ザビエルが来日し、キリスト教思想に基づく慈善救済が行われるようになった。また、ポルトガル

人のアルメイダは、西洋医学に基づく医療活動をはじめるとともに、豊後（現在の大分県）の大名である大友宗麟の援助を受けて育児院を創設し、孤児・棄児の養育にもあたった。

　江戸時代になると徳川幕府は1690（元禄3）年に「棄児禁止の布令」を出し、実子を捨てたものは流罪、もらい子を捨てたものは獄門、そして絞殺した者は引き回しの上、はりつけにするという厳しい触れを出した。また、1767（明和4）年には「間引き禁止令」を出し、出産に村役人を立ち会わせるなどして対策を講じた。江戸時代末期には農政学者の佐藤信淵が、子どもを捨てたり殺したりすることは、農民の生活困窮が背景にあり、これは農民本人だけでなく諸藩の政策にも問題があるとした。そして、国による児童養護として、貧民の乳児を保護・養育する現在の乳児院に近い「慈育館」、児童の遊びを支援し保護する現在の保育所と児童養護施設に近い「遊児廠」という施設の必要性を説いたが実現はしなかった。

(2) 明治維新から第二次世界大戦前

1）明治期における社会的養護

　江戸時代から明治時代への混乱のなか、貧困層が増大し、堕胎、間引き、捨て子などが相次ぎ、明治政府によって1868（明治元）年に「堕胎禁止令」が公布された。1871（明治4）年には、捨て子を養育する者に対して、その子が数え年15歳になるまで年に下米7斗分の金銭を支給する「棄児養育米給与方」が公布された。

　1874（明治7）年には「恤救規則」が公布され、13歳以下の極貧の孤児に対して年に米7斗を支給することになった。国の制度以外としては、仏教、キリスト教などの慈善思想に基づく育児院が設立された。孤児院は、1869（明治2）年に、松方正義によって大分県で「日田養育館」が設立された。1883（明治16）年、池上雪枝により非行児童のための最初の感化院が大阪に神道祈禱所として設立された。1887（明治20）年には石井十次による「岡山孤児院」が設立された。石井は、イギリスのバーナード・ホームの方法を取り入れて小舎制による家庭的養護や里親委託を導入するなど、近代的な施設として先駆的な取り組みを行った。

　1891（明治24）年には、濃尾地震で孤児となった少女の身売りに心を痛めた石井亮一が「孤女学院」を設立した。そのなかに知的障害児がいたことから、知的障害児教育のために渡米し、帰国後の1896（明治29）年に「滝乃川学園」へと改称して

運営した。

2) 大正期〜第二次世界大戦前

　1920（大正9）年に内務省社会局が設置され、その第2課で感化教育や児童保護が所管となった。1929（昭和4）年には「救護法」が制定され、1932（昭和7）年から施行された。この法で児童を対象とするものとしては、13歳以下の困窮児童、乳児を育てる困窮母子家庭などで、孤児院が救護施設として法的に位置づけられ、13歳以下の児童が対象となった。1933（昭和8）年には、14歳未満の人身売買、酷使、見せ物等の禁止を目的とした「児童虐待防止法」が制定され、保護者や児童を保護する立場にある者が、これに違反した場合は、懲役または罰金等を科すとした。1937（昭和12）年には「母子保護法」が制定され、13歳以下の子どもを育てている配偶者のいない母親で生活に困窮する者を対象に、生活扶助、養育扶助、生業扶助、医療を規定し救済保護を行った。また、この年には、日華事変がはじまり、社会事業も準戦時体制に組み込まれ、1938（昭和13）年には社会事業にプラスして、国民の体力向上、結核伝染病への罹患防止などの保健衛生関係事業を併せた厚生事業を行う行政組織として厚生省が設置され、準戦時体制を支えていく人材育成に乗り出した。

(3)　第二次世界大戦後から高度経済成長期

　第二次世界大戦は日本の敗戦で幕を閉じたが、戦争により国民の生活は窮乏し、また、戦災孤児と呼ばれる親や家族、住む家を失った孤児や浮浪児が街にあふれていた。これに対して政府は1946（昭和21）年4月に「浮浪児その他の児童保護等の応急措置に関する件」を各地方長官に通達し、浮浪児の発見保護に努めた。しかし、そのための施設も設備・条件がほとんど整っていなかったので、1947（昭和22）年に「児童福祉法」が制定されるまでは対応がほとんどできない状態であった。この法律の制定により、児童育成の責任が児童の保護者とともに、国や地方公共団体が負うことが明記され、加えて要保護児童だけでなく、すべての児童の福祉向上と健全育成対策もとられることになった。また、助産施設、乳児院、母子寮、保育所、児童厚生施設、養護施設、精神薄弱児施設、療育施設、教護院の9施設が児童福祉施設として位置づけられることになった。1951（昭和26）年には、里親や保護受託者（職親）も「児童福祉法」によって制度化され、小集団による家庭的な雰囲気で生活

できるよう小舎制の方向にも力を入れるようになった。

(4)　高度経済成長期から児童福祉法第50次改正

　昭和30年代になると高度経済成長により国民の生活水準は向上したが、同時に貧富の格差による生活問題も生じ、特に障害児を育てている家庭等が大きな影響を受けた。こうした新たな児童問題を受けた「児童福祉法」改正に伴い、1957（昭和32）年には精神薄弱児通園施設が、1961（昭和36）年には情緒障害児短期治療施設が、1967（昭和42）年には重症心身障害児施設が児童福祉施設として加えられた。また、高度経済成長による産業構造の変化により、働く女性の社会進出の増加で保育所も増設されたが、入所措置基準や保育料の徴収基準が厳しくなってきた。核家族化や出稼ぎ、夫婦共働き等により家庭の養育力の低下をまねき、児童問題の背景には家庭の問題があることから、1964（昭和39）年には、厚生省の児童局が児童家庭局に改称され、1964（昭和39）年には、福祉事務所に家庭児童相談室が設置された。このような子育てと仕事の問題は、その後も社会問題・生活問題としての課題となるが、この二つを両立できるよう支援を目指したものが1994（平成6）年に策定された「エンゼルプラン」であり、1999（平成11）年には、母子保健医療体制の整備にも重点を置いた「新エンゼルプラン」へと進化を遂げた。

(5)　児童福祉法第50次改正から現代

　孤児や浮浪児の保護が急務であった終戦直後の状況から、高度経済成長を経て日本社会は大きく変化し、それに伴い児童を取り巻く問題や課題も大きく変化し、新たなニーズに対応できる制度改革が急務となった。そこで「児童福祉法」制定から50年後の1997（平成9）年に「児童福祉法」の大改正（第50次改正）が行われた。主な改正点としては、①これまでの市町村の措置による保育所入所の仕組みから利用者（保護者）が選択できる仕組みにしたこと（措置型から契約型への転換）、②子どもや家庭に関する相談・援助・指導や児童相談所などの地域の社会資源と連絡調整を総合的に行っていくために児童家庭支援センターを創設したこと（施設居住を基盤にした支援から家庭居住とそれに伴う地域を基盤にした支援への転換）、③学童保育を放課後児童健全育成事業として制度化したことや児童福祉施設の名称及び機能の見直しをしたこと、などである。

　2000（平成12）年には、年々増加し深刻化していく児童虐待に対応していくために「児童虐待防止法」が制定され、2011（平成23）年には、虐待によって子どもの利益を害する場合は、最長で2年間の親権の行使が制限できる親権停止が「民法」の改正により規定された。2012（平成24）年には、保護者が子育てについて第一義的責任を有するという基本的認識のもとに、幼児期の学校教育・保育、地域の子ども・子育て支援を総合的に推進する「子ども・子育て関連3法」が成立し、それに基づき2015（平成27）年度からは「子ども・子育て支援新制度」が実施されている。

参考文献

古川孝順（1982）『子どもの権利—イギリス・アメリカ・日本の福祉政策史から—』有斐閣選書
櫻井奈津子編（2012）『保育と児童家庭福祉』みらい
厚生省児童家庭局編（1978）『児童福祉三十年の歩み』日本児童問題調査会
児童福祉法研究会編（1978）『児童福祉法成立資料集成』ドメス出版

［コラム］ 四箇院の制

上續宏道

　聖徳太子（574〈敏達天皇3〉年～622〈推古天皇30〉年）は、593〈推古天皇元〉年、現在の大阪市天王寺区にある四天王寺において、四箇院の制をとり、仏教の興隆と社会救済事業に努めたとされている。

　四箇院とは敬田院、施薬院、療病院、悲田院からなる。

　敬田院は、仏の教えを信じて修行を行う道場であり、四天王寺の本部にあたるものであった。施薬院は、生活に困窮する病人のために薬草を栽培し、薬を開発・調合し、提供する施設であり、療病院は性別を問わず、医療にかかることができない病人を寄宿させ、療病する施設であった。悲田院は、生活に困窮する人や病者、孤児、身寄りのない高齢者などを救済するために設けられた現在の社会福祉施設にあたるものである。

　この四箇院の制は、仏教における慈悲（人々に楽を与え、苦を取り除く）の精神にもとづき、生きとし生けるものすべての救済をはかろうとすべく行われてきた福祉実践活動でもある。

　さらに、こうした活動の思想的根拠として、福田思想がある。福田とは、善き行為の種を蒔いて、福をもたらす田のことで、福をもたらすには収穫を得るための田が大切で、田に種を蒔き、芽が出て生育し、穂がつき実りが得られ、やがてその実りが自分にも幸福をもたらすという考え方である。

　その福田のなかに、たとえば、仏法僧、つまり、悟れる者である仏、その仏によって説かれた教えである法、その教えにもとづいて自らも仏になろうと努力している僧を対象とする敬田や、生活に困窮している人や病者などを対象とする悲田などがある。

　この四箇院の制がいつ頃まで存続したのかは明確ではないが、その後、廃絶することとなった。そして、1922〈大正11〉年、聖徳太子1300年の御聖忌（亡くなった日、命日）の法要が執り行われるにあたり、記念事業のひとつとしてこの四箇院の制の再興が企画され、1931〈昭和6〉年、四天王寺境内に四天王寺施薬療病院が開設された。これを、四天王寺福祉事業団の設立としている。

　さらに、1937〈昭和12〉年には、現在の大阪府羽曳野市に、四天王寺悲田

17

院を開設し、1972〈昭和47〉年、総合福祉施設として、「社会福祉事業法」（現在の「社会福祉法」）にもとづく四天王寺福祉事業団の組織を確立し、現在に至るまで児童および高齢・障がい者などの各福祉施設、病院などを運営する日本有数の福祉団体として事業展開がなされている。

　四箇院の制のような形態は、地域住民の多様な要望に応え、その生活や文化の向上のための支援を行おうとする総合性をもった社会事業活動として、日本のセツルメント（隣保事業）であるとする評価もある。

参考文献

奥田慈応（1959）『四天王寺誌』四天王寺

木村武夫他編（1970）『現代日本の児童福祉』ミネルヴァ書房

総本山四天王寺勧学院『聖徳太子鑽仰』編集委員会（1979）『聖徳太子鑽仰』総本山四天王寺

福祉事業再興50年誌編集委員会（1981）『福祉事業再興五十年誌』社会福祉法人四天王寺福祉事業団

石田尚豊他編（1997）『聖徳太子事典』柏書房

池田英俊・芹川博通・長谷川匡俊（1999）『日本仏教福祉概論－近代仏教を中心に－』雄山閣出版

日本仏教社会福祉学会（2006）『仏教社会福祉辞典』法蔵館

日本仏教社会福祉学会（2014）『仏教社会福祉入門』法蔵館

第3章 子どもの権利

1. 「子どもの権利条約」の誕生

(1) 国際的な動向

　2016 (平成28) 年6月、改正「児童福祉法」が公布された。その第1条では、「児童の権利に関する条約」の精神にのっとり、すべての子どもが、適切に養育されること、生活を保障されること、愛され、保護されることなど、福祉を等しく保障される権利を有することが明確に示されている。

　しかし、社会的養護の対象となる子どもたちは、さまざまな理由により家庭で暮らすことができなかったり、虐待により傷つけられたりするなど、本来保障されるべき権利を十分に保障されてこなかった子どもたちである。そのため、より手厚く、権利を保障していくことが求められる。

　国際的に、子どもの権利保障を進める上で大きな影響を与えたのが、「子どもの権利条約」(政府訳「児童の権利に関する条約」)である。この条約は、1989 (平成元) 年11月、国連総会にて全会一致で採択され、翌年発効している。

　子どもの権利保障に向けた取り組みを歴史的に振り返ると、一つの契機として「戦争」が浮かび上がる。戦争により、多くの子どもが亡くなり、また傷つけられた反省から、第一次世界大戦後の1924 (大正13) 年、国際連盟により「ジュネーブ宣言」(「児童の権利宣言」)が採択され、子どもへの特別の保護の必要性が謳われた。第二次世界大戦後の1948 (昭和23) 年には、国際連合により「世界人権宣言」が採択され、すべての人は自由であり、平等に権利と尊厳を有することが示されている。そして1959 (昭和34) 年には、特に未熟な存在である子どもを手厚く保護するための宣言として、「児童の権利宣言」が採択された。

　こうした流れを受けて、1978 (昭和53) 年、第二次世界大戦で多くの犠牲者を出

したポーランド政府により、宣言よりも法的拘束力を強めた条約として「子どもの権利条約」の草案が国連に提出された。翌年（「国際児童年」）には、国連人権委員会内に作業部会が設けられ、約10年に及ぶ審議の末、「児童の権利宣言」30周年にあたる1989（平成元）年、「子どもの権利条約」が採択された。

(2) 日本の動向

日本が「子どもの権利条約」に批准（条約を国内法の手続きで承認し最終決定すること）したのは、国連での採択から5年後の1994（平成6）年、世界で158番目であった。

当時の状況について、喜多明人は、「日本の社会は、子どもの権利をおとな側が保障していくことには慣れていても、子ども自らが権利を実現していくために意見表明・参加してくる、ということには経験不足もあり、大いに当惑し、また反発もしました」と指摘している[1]。日本では、おとなが子どもを正しく導くという考えが強く、また、「権利を教えるとワガママになる」「権利より先に義務を教えるべきだ」といった考えも根深くあり、子どもの権利が社会に定着するには時間を要した。

2.「子どもの権利条約」の内容

(1) 子どもの「最善の利益」の保障

「子どもの権利条約」は、18歳未満を「児童（子ども）」と定義し、子どもの「最善の利益」（第3条）を社会全体で保障することを目的としている。その際、子どもの思いを無視して、おとなが勝手に決めてしまうことがないように、子どもが自分に影響を及ぼすあらゆる事柄について自由に意見を表明すること、そしてその意見をおとなが尊重することを「意見表明権」（第12条）として保障している。

この「意見表明権」に象徴されるように、「子どもの権利条約」は、子どもを特別な保護を必要とする存在として大切にするのみでなく、意見を述べて行動する・権利を行使する主体として位置づけている。網野武博は、前者の「義務を負う側からの保護や援助を受けることによって効力をもつ権利」を「受動的権利」、後者の「人間として主張し行使する自由を得ることによって効力をもつ権利」を「能動的権利」

と呼んでいる²⁾。

「受動的権利」を強化するとともに「能動的権利」を明確に位置づけている点が、「子どもの権利条約」の特徴である。

(2)「子どもの権利条約」の四つの柱

日本ユニセフ協会は、「子どもの権利条約」の四つの柱として、「生きる権利」「守られる権利」「育つ権利」「参加する権利」を挙げている。

「生きる権利」は、子どもの権利の根源となる生命を守り、心身共に健やかに成長することを保障する権利であり、「生命への権利」（第6条）や「健康・医療への権利」（第24条）などが規定されている。

「守られる権利」は、子どもの権利を脅かす虐待や搾取、麻薬や人身売買などからの保護を保障する権利であり、「虐待・放任からの保護」（第19条）、「経済的搾取からの保護」（第32条）、「誘拐・売買・取引の防止」（第35条）などが規定されている。

「育つ権利」は、子どもの人格や身体的・精神的な力を最大限発達させることを保障する権利であり、「教育への権利」（第28条）、「休息、余暇、遊び、文化的・芸術的生活への参加」（第31条）などが規定されている。

「参加する権利」は、子どもの「能動的権利」を保障するものであり、「意見表明権」（第12条）をはじめ、「表現・情報の自由」（第13条）、「結社・集会の自由」（第15条）など、参政権以外は、おとなとほぼ同等の権利が規定されている。

3. 「子どもの権利条約」と社会的養護との関連

(1) 親の「第一義的責任」の重視と家庭支援

「子どもの権利条約」は、その「前文」において、「家族が、社会の基礎的な集団として、並びに家族のすべての構成員特に児童の成長及び福祉のための自然な環境として、社会においてその責任を十分に引き受けることができるよう必要な保護及び援助を与えられるべきであることを確信し」「児童が、その人格の完全なかつ調和のとれた発達のため、家庭環境の下で幸福、愛情及び理解のある雰囲気の中で成長すべきであることを認め」と述べるなど、子どもの成長において、家族、家庭環境

を重視している。そのため、子どもが父母の意思に反してその父母から分離されないこと（第9条「親からの分離禁止」）や、父母または法定保護者は、子どもの養育・発達について「第一義的な責任を有する」こと（第18条「親の第一次養育責任」）などを定めている。

　しかし、このことは、子どもの養育・発達に関する責任を、すべて父母・保護者に押し付けるということではない。子どもの権利保障は、国、社会全体で進めていくものであり、家族がその責任を果たせるよう、家族に保護・援助を与えること（家庭支援）の必要性を謳っていることを忘れてはならないであろう。

(2) 社会的養護における養子縁組、里親委託の重視

　第20条「代替的養護」では、一時的または恒久的に家庭環境を奪われた子どもや、最善の利益を考えた際に家庭環境に留まることが適切でない子どもは、特別の保護を受ける権利を有することが規定されている。その際、国は代替的な養護（社会的養護）を確保しなければならず、その検討に当たっては、養育において「継続性が望ましい」ことなどから、施設よりも養子縁組、里親委託などを特に考慮すべきであるとしている。

　この家庭環境を重視する方針は、国連で2009（平成21）年に採択された「児童の代替的養護に関する指針」においてさらに強調されている。そこでは、子どもは原則家族の下で養育されるべきであり、それが難しい場合は養子縁組などの「永続的解決策」を、それも難しい場合には里親委託を優先すべきであり、施設養護は、一時的、限定的であるべきとされている。

4. 「子どもの権利条約」批准後の課題

　「子どもの権利条約」の締約国は、批准後2年以内、その後は5年ごとに、条約に定められた権利を実現するためにとった措置などの実施状況について、国連「子どもの権利委員会」に報告することが義務づけられている（第44条）。日本政府に対する審査と、結果に対する総括所見・勧告の採択は、これまで、1998（平成10）年、2004（平成16）年、2010（平成22）年、2019（平成31）年に行われている（第4・5回は統合）[3]。

　第3回の総括所見においては、例えば、過度に競争的な教育制度による問題が指摘されており、「高度に競争的な学校環境が就学年齢層の子どものいじめ、精神障がい、不登校、中途退学および自殺を助長している可能性がある」ことへの懸念が示されている（パラグラフ70）。また、子どもの貧困の深刻化をはじめとする資源配分のあり方が問題とされ、「締約国の社会支出がOECD平均よりも低いこと、最近の経済危機以前から貧困がすでに増加しており、いまや人口の約15％に達していること」などに懸念が示されている（パラグラフ19）。

　社会的養護に関しては、「親のケアを受けていない子どもを対象とする、家族を基盤とした代替的養護に関する政策が存在しないこと、家族から引き離されて養護の対象とされる子どもの人数が増えていること、小集団の家庭型養護を提供しようとする努力にもかかわらず多くの施設の水準が不十分であること」など、大規模な施設養護を中心とした日本の社会的養護のあり方への懸念が示されており（パラグラフ52）、里親制度など家庭的な環境での養護を推進するよう勧告されている。

　こうした勧告を一つの契機として、2011（平成23）年公表の「社会的養護の課題と将来像」などにより、大規模な施設養護を中心とした社会的養護のあり方から、里親委託の拡充や施設の小規模化などへの転換が進められることとなった。

5. 社会的養護における子どもの権利保障のための取り組み

(1) 被措置児童等虐待の防止

　社会的養護は、さまざまな形で権利侵害を受けた子どもの「生きる権利」「守られる権利」「育つ権利」「参加する権利」を保障するための制度である。しかし、残念ながら、一部の施設等において、職員等による子どもへの虐待・人権侵害が行われており、その根絶は長年の課題となってきた。施設や里親家庭における養育は閉鎖的になりやすく、不適切な行為が発覚しにくい。子どもが助けを求める声を挙げたとしてもそうした声が届きにくいという問題もあり、改善が求められてきた。

　そうした中、2008（平成20）年の「児童福祉法」改正により、職員等による虐待（通称、施設内虐待）が「被措置児童等虐待」と位置づけられ、その防止や届出・通告に基づく対応をとることが法制化された。対応の状況については公表するものと

されており、2019（平成31・令和元）年度には、全国の被措置児童等虐待の届出・通告受理件数は290件、うち、同年度中に虐待の事実が認められた件数は94件（以前の繰り越し事例を含む）となっている。

国連子どもの権利委員会からも、「代替的養護現場における児童虐待を調査し、かつその責任者を訴追するとともに、虐待の被害者が苦情申立て手続、カウンセリング、医療的ケアその他の適切な回復援助にアクセスできることを確保すること」が勧告されており（「第3回総括所見」パラグラフ53）、さらなる対応が求められている。

(2) 子どもの権利ノート

「子どもの権利ノート」は、主に児童養護施設等に入所する子どもを対象に配布されている小冊子である。1995（平成7）年に大阪府で作成されたことを契機として、その後、多くの都道府県で作成された。

各地で名称や内容はさまざまであるが、主に、施設生活の紹介や、施設生活において守られる権利、権利を守るための仕組み、相談の際の連絡先などが記されており、権利擁護に関する情報を子どもに伝える上で重要な役割を果たしている。

(3) 苦情解決制度

2000（平成12）年の「社会福祉法」の公布・施行に伴い、社会福祉事業者には苦情解決のための仕組みの整備が求められることとなった。社会的養護の施設においても、「苦情解決責任者」「苦情受付担当者」「第三者委員」の配置など、苦情解決のための仕組みづくりが進められている。

特に、社会的養護の施設においては、当事者である子どもの意見や苦情を聞き、施設運営に反映させていくことが求められる。意見箱の設置や個別面談の実施、苦情解決の仕組みに関する文書・掲示の作成など、子どもが意見を出しやすい環境をつくるとともに、出された意見を取り上げ、対応について子どもに丁寧に説明するなど、子どもの意見を確実に受け止め、尊重することを通して、「意見表明権」を実質化することが求められる。

(4) 第三者評価事業

2012（平成24）年度より、社会的養護の施設においても第三者評価が義務化され、

3年に1回以上の第三者評価の受審と結果の公表、及び、それ以外の年の自己評価の実施が義務づけられることとなった。これは、社会的養護の施設が、子どもが施設を選択するのではなく、行政の責任により入所施設が決められる措置制度であり、施設長による親権代行規定もあること、また、被虐待児が増えるなど子どもが抱える問題が複雑化していることから、運営の質の向上が求められるためであるとされている[4]。

　第三者評価・自己評価は、職員全体で施設運営のあり方を見直し、より良い養育に繋げるためのものである。子どもの視点を積極的に取り入れ、改善を進めることが期待されている。

*

本章における「子どもの権利条約」「児童の代替的養護に関する指針」の訳は、政府訳による。また、条文の見出しは、日本ユニセフ協会の訳を参照した。

注

1) 喜多明人・浜田進士・山本克彦・安部芳絵 (2006)『イラスト版子どもの権利　子どもとマスターする50の権利学習』合同出版
2)『社会福祉学習双書』編集委員会 (2010)『社会福祉学習双書2010　第5巻　児童家庭福祉論－児童や家庭に対する支援と児童・家庭福祉制度』全国社会福祉協議会
3) 2010 (平成22) 年の第3回総括所見の内容・訳は、子どもの権利条約NGOレポート連絡会議 (2011)『子どもの権利条約から見た日本の子ども　国連・子どもの権利委員会第3回日本報告審査と総括所見』現代人文社、による。
4) 厚生労働省雇用均等・児童家庭局長、社会・援護局長通知「社会的養護関係施設における第三者評価及び自己評価の実施について」(2012年3月29日)

参考文献

日本ユニセフ協会「子どもの権利条約」
　http://www.unicef.or.jp/about_unicef/about_rig.html〈2017年2月20日〉
厚生労働省「社会的養護」
　http://www.mhlw.go.jp/stf/seisakunitsuite/bunya/kodomo/kodomo_kosodate/syakaiteki_yougo/〈2017年2月20日〉
厚生労働省「被措置児童等虐待届出等制度の実施状況について」
　http://www.mhlw.go.jp/stf/seisakunitsuite/bunya/kodomo/kodomo_kosodate/syakaiteki_yougo/04.html〈2017年2月20日〉

［コラム］虐待の淵を生き抜いて

島田妙子

　「もうアカン……」死ぬかと思った瞬間、不思議なのですが、「これで、お父ちゃんはもう虐待しなくていいんや……」そう思いました。「虐待」という言葉が、まだなかった30年以上も前の出来事です。

　私は、現在兵庫県児童虐待等対応専門アドバイザーとして、全国各地で児童虐待根絶を願い講演活動、また虐待をしてしまっている親の支援をしております。小学校2年生から中学2年生までの6年間、兄2人と共に、父と父の再婚相手から虐待を受けて育ちました。私は2年間の間に、2度父から殺されそうになった。前述の言葉は、風呂水に沈められ、意識が遠のく中、私が感じた事だった。もともと優しかった父が、暴力をふるう度に、そして暴言を吐き続ける日々の中で、優しかった父の顔が、どんどん鬼のようになっていった。

　もちろん暴力、暴言は嫌で仕方がなかったが、大好きだった、そして優しかった父の人相が鬼のように変化していくのを、見続けている事の方が、何よりも嫌だったのだ。周りには沢山の大人が、もちろんいましたが、どんなにひどい事をされていても、心の奥底では「きっと、優しかったお父ちゃんに戻ってくれるはず、いつかきっと……」という願いと期待をしている間は、周りの大人にはやっぱり言えなかった。だから、これで私が死んだら、父はこれでもう虐待しなくて済むのだと、素直に感じた私でした。

　豊かになったこの時代に、虐待が増えています。虐待だけでなく、人が人にあたる、モノにあたる、自分にあたるという行為が氾濫しています。なぜ虐待が起こるのでしょうか、なぜ、感情のコントロールが利かなくなっていくのでしょうか。私の父のように、元々優しかった人が、感情表現にトラブルを起こし、自分より弱い立場の人にあたってしまう人を一人でも救いたいという思いで、今回寄稿させていただきました。実際に虐待している人に直面したときに、いま私たちにできることのヒントも、私の実体験からご紹介させていただきたいと思います。

　元々優しかった父が、なぜ虐待にまで至ってしまったのか……。

　感情は「クセ」になっていきます。行動や言動は「クセ」になっていってしまうだけなのです。理不尽で一発叩いてしまった時の対応次第で、虐待にまで

至ってしまうということです。

　最初は、当時22歳という若い継母からの暴力でしたが、この継母も、決して私を叩こうと思って叩いたわけではなかったのです。当時小学校1年生の私には、彼女の心の中を読み取ることはできませんでしたが、若い彼女は、自分が産んだわけでもない年子3兄弟の母親になり、必死で私たちに優しく接してくれていました。彼女なりに、私たちに気に入られたいという思いで頑張っていたようでしたが、そのうちに、かなりのストレスを溜めていたようでした。

　今から10年ほど前、一緒に食事をした時に、涙をこぼしながら「ほんまに叩くつもりなんかなかった、でもついカッとなって叩いてしまった瞬間、これまで頑張ってきた気持ちが一瞬で壊れてしまったような気がした」と私に言った。そして「さっきはごめん」そう謝ろうと思っていたのに、私と目があった瞬間、びくっとしてしまったと。私の目が怖かった。「この子は、もう私の事を鬼やと思っている……」そう自分の中に落とし込んでしまったそうです。「ごめん」というはずの彼女の口から出た言葉は「なんや、その目は」という言葉だった。現在私も、22歳を筆頭に20歳、18歳の3人の子を持つ母親です。

　「私は絶対に優しいお母さんになる」と決めて、自分がされてきた理不尽な暴力や言葉は絶対に使わないと子育てしてきましたが、自分自身の感情がいっぱいいっぱいになってしまった時、「そんなつもりじゃない理不尽な言動」をとってしまった事が何度もあります。その時に、「さっきはごめん」と言えたり、言えなかったり。眠りについた我が子を見て、自分の言動を何度も責めてしまったこともありました。この時に、やっと継母のその時の気持ちが分かったような気がしたのです。

　皆さんは「FF行動」という言葉をご存知ですか？　怒りの感情を感じた時に起こる現象で、私たちが生きている中では、しょっちゅうこの状態が起こるとも言われています。怒りの感情はFight or Flight（攻撃・逃走反応）を伴い、この反応にはアドレナリンというホルモンが大量に分泌されるのです。分かりやすくいうと「闘う」か「逃げる」かです。

　彼女（継母）も、私を一発叩いてしまった時、アドレナリンが全身を廻り「闘う」か「逃げる」かを選択することになったのです。

　彼女は本当は、実家に逃げ帰りたかった。でもお腹の中には父との子を身ごもっていた。だから逃げるわけにはいかなかったのです。そう、この家で闘っていかなければならなかったのです。闘うためには、自分がやってしまった理不尽な行動を何とか正当化しておかなければならなかった。その夜、帰宅した

父に「この子たちを甘やかすだけじゃなく、これからちゃんとしつけをしていく」と言った。父も、その言葉に「すまんなあ、ありがとう」と言ったのです。私たち兄弟は顔を見合わせましたが、その後「しつけ」と称した暴力や暴言が始まるとは思ってはいませんでした。

　感情はクセになっていきます。彼女は理不尽な暴力をふるい、謝れなかったことで、昨日まで優しく接することができていたのに、できなくなりました。そして、毎日のように、私たちを叩いたり、食事を抜いたり、時にはタバコの火を押し当ててきたりと、キツイ感情になっていきました。父は、きっと気づいていたと思っています。でも自分の子を育ててもらっているという気持ちから、彼女を責めることができなかった。だけど、直視できない父は、仕事の帰りが遅くなっていきました。彼女が寝静まった頃を見計らってお酒に酔い帰宅する。彼女の顔は、みるみるうちに目がつりあがりキツくなっていきました。そして彼女は、父の行動にも腹がたっていきました。彼女は常にアドレナリンが廻っているような毎日ですから、このような状態の時は、とにかくイライラしていきます。毎日、仕事から帰る時間を強制し、父が帰宅すると待ち構えていて、玄関まで飛んでいき、私たちがああだこうだと、怒りの感情をぶちまけるのです。毎日、毎日……。

　父は元々優しい人でした。母と離婚後少しの間、男手ひとつで幼い3人を育てるには相当大変だったと思いますが、一度も理不尽で殴ったりするような事はありませんでした。もちろん悪い事をした時には叱られましたが、それは叱られた子ども側もしっかりと分かっていましたから。

　そんな父が、継母と同じように虐待に加わるようになったのです。

　毎日のように継母からの怒りの感情に父自身もおかしくなってしまったのだと思います。私たちを感情的に殴ってしまった父は、その夜は帰ってきませんでした。朝帰ってきた父は、私たちと目を合わせようとはしなかったのですが、一番上の兄が父と目があった瞬間、継母さんと同じように「な、なんやその目は！　親に対してなんやその目は！」と言ったのです。

　父から直接聞いたわけではありませんが、父もきっと昨夜の理不尽でやってしまった暴力をなんとか正当化したかったに違いないと思っています。きっと「情けない」という惨めな感情が心の中にあったはずではないかと……。

　継母からは、精神的な虐待を受ける、父からは肉体的な暴力を受ける。

　殴られない子がいる日はあっても、誰も殴られない日はない。

　兄弟3人いたからまだ良かったのかもしれませんが、自分が殴られている時

よりも兄たちが殴られている姿と殴っている父の姿、両方見ることの方が辛かった。

　あの当時を振り返ると、父はもしかしたら私たちをかばう虐待をしていたのではないかと思っています。かばうような虐待？　普通に考えればおかしな話なのですが、父の暴力はいつも短く、そしてやたらと大きな音を立てる感じだったのです。継母は、父が帰宅すると父の前で精神的な虐待をしかけてくるのです。

　例えば、一晩立たされたり、食事を抜かれたりするのなんて私たちにとっては、なんて事ない刑でした。タバコの火を押し当てられたり、アイロンで全身を炙られるんです。アイロンは決して肌には当てられない……。

　そう分かっていてもアイロンの熱い温度は私たちの血管がギューと詰まるくらいの恐怖とストレスがかかるのです。父はそばで見ているのが嫌なのか、そういう時にはお風呂に行ったり、自室に入ってしまうのですが、いつの日からか、継母さんの虐待が始まりそうになると、私たちが呼ばれる前に子ども部屋にものすごい足音を立ててやってきて、勉強机の椅子をわざとひっくり返しながら、短く殴って部屋を出て行くのです。

　継母を納得させるような……そんな感じだったのかもしれません。

　今現在も、このようにパートナーに気を使い、子どもに暴力をふるうという事が存在しています。再婚相手や内縁相手から我が子を守るために、暴力や暴言を吐いてしまっている親が沢山いることは事実です。その行動や言動はクセになっていきますから、一刻も早く、親も子も救ってあげることが大切です。皆さんが、いざ現場でこのような親御さんに直面した時には、すぐに責任者に報告すると共に、当事者の親に対して、とにかく優しく穏やかに接するという事はとても大切です。子どもに対して暴言や暴力を吐いている親にも「罪悪感」という感情がちゃんと存在しますから、「怪しまれているのではないか」と、周りの目をとても気にしています。「悪い、ひどい親だ、いつ通報しようか」というような目で相手を見るだけでも、当事者にはアドレナリンが発生してしまいます。街中でも、人に見られた瞬間ヒートアップしてしまう親が多いのは、このアドレナリンが発生してしまうからです。

　アドレナリンが分泌され、体中の細胞に廻り、消滅するまでの時間は、長くても「6秒」と言われています。暴力や暴言は、この6秒間に行われる事が多いのです。何かにイラッときて、アドレナリンが分泌されても、この6秒間をやり過ごすことができるようになると、暴力や暴言の回数は減ってきます。た

だ、イラッときて、アドレナリンが出ているうちに、叩いてしまったり、暴言を吐いてしまうと、その瞬間に次のアドレナリンが分泌されてしまいます。怒り出したら止まらない、というのはこういったメカニズムになっているからです。

　アドレナリンが、出る回数が多くなってくると、そのまま感情のクセになっていき、しょっちゅうイライラしてしまいます。アドレナリンが出る回数が、減ってくると、自然に穏やかになってきます。アドレナリンをやり過ごす方法として、オススメしているのが鼻呼吸です。酸素を体中の細胞に送り込むと、イライラも静まってきます。

　中学2年生の時、当時27歳だった女性教師が、虐待の淵から私たちを救ってくれました。「親であってもやったらアカンもんはアカン」と……。勇気がいった事だと思います。

　その後、私は中学卒業までの2年間を養護施設で過ごしました。

　思春期に養護施設に入所することは、普通であれば嫌なことだと思いますが、私にとっては、劣悪な環境から抜け出せたことは、その後の私の人生を左右するほどの大きな出来事でした。暴力に怯えずにお布団で寝る事ができる。普通に食事がいただける。子どもにとって、食の環境をはじめ、生活環境は成長して自立していく上で何よりも大切です。27年ぶりに再会した女性教師が、「あの時、あなたたち親子を引き裂いてしまった事が、本当に良かったのだろうか」と、ずっと私のことを心配してくれていたそうです。「先生、私が助かったあの日は、うちの父も助けてもらった日です」と伝えました。劣悪な環境に子どもがいるのなら、一旦親子は離す方がいい。親も感情がクセになっているから、離すことによって一旦感情の調整をする時間が必要です。そして何より、子どもに鬼になっていく姿を見せ続けるくらいなら、遠慮なく通報してください。養護施設を中学卒業で出た私は、住み込みで仕事をしました。30年前は、まだ高校に進学する子どもも少なく、必然的に住み込みで働かせてもらうしかなかったのです。今の児童養護施設は豊かになりました。ただ、豊かになった反面、自立心が育たない子どもが多いように感じます。「この仕事を辞めたら生きてはいけない、行くあてもない」と、歯を食いしばって仕事を続け、現在の私があると思っていますが、現在は、両親がいるのに児童養護施設に入ってくる子も多い。また散々、虐待や育児放棄をされた挙句に入所してくる子どもたちも多いのです。接する大人たちが、「可哀想な子」と接すると、どんどん「可哀想な子なんだ」と、思い込んでいきます。職員を困らせるような「試し行動」

もします。児童養護施設を出た後も、仕事が続かず、若い職員に泣きついてくる子どももいます。

　また、10代で生活保護を受給している子も少なくなりません。

　児童養護施設に入る子どもが一人でもいなくなる事が理想ではありますが、児童養護施設で暮らす子どもたちが、自信を持って社会へ出て行けるかどうかは、関わる大人たちの影響がかなり大きいです。「可哀想な子」ではなく「これから未来を担う大切な子」として、接していくだけでも、生きる力という財産になるのではないでしょうか。

　また、私たち自身も感情のコントロールができるようになっておく事が大事です。怒りの感情は、人間であれば、ごくごく自然な感情です。人にもモノにも、そして自分にもあたらず、アドレナリンがない状態で相手に伝えることを目指しましょう。ただし、アドレナリンがある状態で怒っていい時もあります。それは「大切な命を守る時」です。

　危険なこと、誰かを傷つけている時などはアドレナリンがある状態の方が、危険を回避できることがありますので、ぜひ覚えておいてください。

　子どもたちが、健やかに育つ社会でありますように……

参考文献

島田妙子（2016）『虐待の淵を生き抜いて』毎日新聞出版

第4章 社会的養護の理念と基本的考え方

1. 社会的養護の理念

(1) 最善の利益の尊重

　「児童の権利に関する条約」では第3条第1項に規定するように、「児童に関するすべての措置をとるにあたっては公的若しくは私的な社会福祉施設、裁判所、行政当局又は立法機関のいずれによって行われるものであっても、児童の最善の利益が主として考慮されるものとする」と、子どもの「最善の利益」の尊重を謳っている。これを、社会的養護の場面に関していえば、子ども一人ひとりに関係のあるすべてのことについて、どのような対応や環境が子どもにとって一番良いのか、そしてその子の幸せにつながるのか、ということを第一に考えていくことが、子どもの最善の利益となるのではないか。

　子どもの権利を守るということは、子どもの要求全てを受け入れることではない。子どもには、「心身ともに健やかに育成される権利」があり、また、成長発達の途上にあると考えれば、「適切に指導される権利」もある。つまり、基本的生活習慣、社会常識などを教わり、それを身につける権利が子どもにはある。したがって、子どもが過ちを犯しそうな時には前に立ちはだかり、それを制止しなければならない場面もある。

　以上のようなことを理解した上で、施設の職員は常に子どもの最善の利益を第一に考え、子どもを適切に援助していかなくてはならない。このような対応をすることで、子どもは心身ともに健やかに成長し、ひいては子どもの権利が守られることとなる。

(2) 社会全体での子育て支援

　社会的養護は、「すべての子どもを社会全体で育む」ことをその基本理念としている。

　また、「児童福祉法」第2条では、子育ての責任について、以下のように述べられている。

　第1項　全て国民は、児童が良好な環境において生まれ、かつ、社会のあらゆる分野において、児童の年齢及び発達の程度に応じて、その意見が尊重され、その最善の利益が優先して考慮され、心身ともに健やかに育成されるよう努めなければならない。

　第2項　児童の保護者は、児童を心身ともに健やかに育成することについて第一義的責任を負う。

　第3項　国及び地方公共団体は、児童の保護者とともに、児童を心身ともに健やかに育成する責任を負う。

　このことから分かるように、子育ての責任は、第一義的には児童の保護者となるが、国や地方公共団体にもその責任があることが明記されている。つまり子育てとは、社会的養護の基本理念にもあるように、社会全体でするものであることが改めて理解できる。

　その中でも、子育て支援の中心の場となるのが保育所といえる。また各種手当も子育て支援においては重要であり、児童手当をはじめ、ひとり親家庭を対象として支給される児童扶養手当や、障害を有する児童等に支給される特別児童扶養手当などがある。これらの児童福祉施設や各種手当等は、子育てを社会全体で行う中で、主となる制度といえるのである。

2. 社会的養護の基本的な考え方

(1) 個別性の尊重

　施設入所においても、里親委託においても、子どもが社会的養護を必要とする背景には様々な要因がある。社会的養護を必要とする子どもは、乳児から高校生までと、年齢だけみても幅広く、また育ってきた家庭環境や親子関係も異なる。さらには、子ども自身が持つパーソナリティーも当然、十人十色である。そこで、社会的養護に関わる施設保育士などの専門職員は、子どものニーズが一人ひとり異なることに留意した援助を展開していく必要がある。

　そして、個々の子どもとその家族に応じた援助を行うために欠かせないのが、自立支援計画である。これは、児童相談所が作成する援助指針に基づき各施設が策定する子どもと家族への支援計画である。

(2) 自立に向けての支援

　施設で養護サービスを受けた子どもが施設退所後、うまく社会生活を送れないといった実態がある。一つの例として、施設で育った子どもが退所後、結婚して子どもを産んだものの家庭が崩壊して、またその子どもを施設に預けるといったこともある。いうならば、要保護児童を「再生産」しているともいえ、これは児童福祉の暗部ともいえる現実である。自立とは、自分で働いて得たお金で生活していく経済的自立や、炊事・洗濯・掃除・金銭管理など生活技術の習得による身辺自立がまず考えられるが、これは表面的なものに過ぎない。本当の意味で自立した人生を歩んでいくには、自分の進むべき方向を明らかにする適切な価値観や人生目標が形成されていかなくてはならないし、また、長い人生の中で幾度となく遭遇するであろう苦難を、その後うまく乗り越えていかなくてはならない。そのためには、自我が確立された自分の存在に意義を見出していかなくてはならないし、また、自分に対する信頼と他者に適切に対応できる社会性が必要である。このように考えると、施設における自立支援は、単に退所後の生活を想定した自活訓練だけでなく、施設養護の取り組みすべてと言える。つまり、今日の児童養護がwell-being（人権の尊重・自己実現）をめざしていることを考えれば、児童養護そのものが自立支援といえるの

である。

(3) 回復を目指した支援

　社会的養護を必要とする子どもには、その子どもに応じた成長や発達を支える支援だけでなく、虐待体験や家族等分離体験などによる悪影響からの癒しや回復をめざした専門的ケアや心理的ケアなどの治療的な支援も必要となる。また、近年増加している被虐待児童や不適切な養育環境で過ごしてきた子どもたちは、虐待体験だけでなく、家族や親族、友達、近所の仕人、保育士や教師など地域で慣れ親しんだ人々との分離なども経験しており、心の傷や深刻な生きづらさを抱えるケースもある。さらに、情緒や行動、自己認知・対人認知などにおいても深刻なダメージを受けていることも少なくない。

　こうした子どもたちが、安心感を持てる場所で、大切にされる体験を積み重ね、信頼関係や自己肯定感（自尊心）を取り戻していけるようにしていくことが必要である。子どもに安全で安心できる環境を提供し、その日常生活の積み重ねの中で、子ども自身が潜在的に持つ回復力をゆっくりと引き出し（エンパワメント）、虐待体験や分離体験による悪影響を修復していく治療的な支援が重要となる。

(4) 自己決定の尊重

　子どもが権利行使の主体として責任ある人生を送れるようにするためには、子どもたちの自己決定を尊重することが必要となる。

　部活動をすること、アルバイトをすること、進学について、就職について、あらゆる場面において、子どもの自己決定は尊重されなければならない。しかし、何の情報もない状態において、子どもが何かを決定することはできない。したがって、施設保育士などの専門職員は、必要な情報提供や、様々な選択肢を子どもに提供することが必要となる。

(5) 家族への支援と家族関係の調整

　子どもは、最善の利益が考慮された家庭的環境において、父母または法定保護者のもとで養育されるべき存在であることは、「児童の権利に関する条約」や「国連子どもの代替養育に関するガイドライン」に明記されている。

　そこで、社会的養護に携わる専門職員は子どもの家族との関係を常に意識し、児童相談所等と連携を取りながら保護者との関係構築に努め、親子関係の修復を目標に援助していかなくてはならない。子どもの最善の利益を慎重に考慮し、子どもにとって最も適切な養育環境をつくるために、家族支援と家族関係調整は欠かせない支援である。

　現実には、調整困難な事例も少なくない。しかし、調整が成功し家庭に戻れたという結果そのものが重要なのではない。子どもが自立し新しい人間関係を築き、将来自らが家庭をもつうえでも、家庭環境の調整過程そのものが子どもにとって重要な経験となるといえる。

(6) 継続的な支援

　「児童福祉法」においては児童とは満18歳未満の者とされ、養護の対象も満18歳ということになっている。しかし、「児童福祉法」第31条では、保護期間の延長等について明記されている。小規模住居型児童養育事業を行う者、里親に委託されている児童、または児童養護施設、児童心理治療施設あるいは児童自立支援施設に入所した児童については、満20歳に達するまで、規定による委託を継続することや、児童福祉施設に在所させる措置を採ることができる、とされている。

　また自立援助ホーム（児童自立生活援助事業）では、義務教育を終了した20歳未満の児童で、児童養護施設等を退所した者たちが、共同生活を営む住居（自立援助ホーム）において、相談その他の日常生活上の援助、生活指導、就業の支援等を行っている。

　児童への支援は、18歳になった時点でその援助が切れるものではなく、その支援は18歳以降も、そして退所後も継続して実施されるものでなければならない。

3. 社会的養護における保育士等の倫理と責務

　例えば、児童養護施設の場合、2010（平成12）年に「全国児童養護施設協議会倫理綱領」が制定されている。そこでは、「原則」として「児童養護施設に携わるすべての役員・職員（以下、「私たち」という）は、日本国憲法、世界人権宣言、国連・子どもの権利に関する条約、児童憲章、児童福祉法、児童虐待の防止等に関する法

律、児童福祉施設最低基準[1]にかかげられた理念と定めを遵守します。すべての子どもを、人種、性別、年齢、身体的精神的状況、宗教的文化的背景、保護者の社会的地位、経済状況等の違いにかかわらず、かけがえのない存在として尊重します」と謳われている。また、「使命」として「私たちは、入所してきた子どもたちが、安全に安心した生活を営むことができるよう、子どもの生命と人権を守り、育む責務があります。私たちは、子どもの意思を尊重しつつ、子どもの成長と発達を育み、自己実現と自立のために継続的な援助を保障する養育をおこない、子どもの最善の利益の実現をめざします」とする。そして倫理綱領として、次の10項目を挙げている。

1.　私たちは、子どもの利益を最優先した養育をおこないます
2.　私たちは、子どもの理解と受容、信頼関係を大切にします
3.　私たちは、子どもの自己決定と主体性の尊重につとめます
4.　私たちは、子どもと家族との関係を大切にした支援をおこないます
5.　私たちは、子どものプライバシーの尊重と秘密を保持します
6.　私たちは、子どもへの差別・虐待を許さず、権利侵害の防止につとめます
7.　私たちは、最良の養育実践を行うために専門性の向上をはかります
8.　私たちは、関係機関や地域と連携し、子どもを育みます
9.　私たちは、地域福祉への積極的な参加と協働につとめます
10.　私たちは、常に施設環境および運営の改善向上につとめます

　また、乳児院も 2012（平成 20）年 に社会福祉法人全国社会福祉協議会・全国乳児福祉協議会が「乳児院倫理綱領」を定めている（2018（平成 26）年一部改正）。
　なお、「全国保育士会倫理綱領」も 2003（平成 15）年に「平成 14 年度第 2 回全国保育士会委員総会」で採択されている。そこでは「私たちは、子どもの育ちを支えます」「私たちは、保護者の子育てを支えます」「私たちは、子どもと子育てにやさしい社会をつくります」などと謳われている。

注

1) この「全国児童養護施設協議会倫理綱領」では児童福祉施設最低基準という表記になっているが、児童福祉施設最低基準は、現在、「児童福祉施設の設備及び運営に関する基準」と改題されている。

参考文献

小宅理沙監・谷口卓・石井貴子編 (2017)『子ども家庭福祉』青山社

櫻井奈津子編 (2015)『社会的養護の原理』青踏社

中野菜穂子・水田和江編 (2012)『社会的養護の理念と実践』みらい

厚生労働省HP　http://www.mhlw.go.jp/

［コラム］北欧の国際養子縁組からみるグローバル化

　2016（平成28）年8月末、勤務先の用務で訪れたアイスランドからの帰路、フィンランドの首都ヘルシンキに立ち寄り一泊した。その折、8年ぶりにサンナさんとベッティナさんというフィンランド女性に再会した。お二人とも中国から養女をもらった養母である。フィンランドを含む北欧諸国では、外国からの養子が出生児数に占める割合が高い。そのため、デンマークでは「白人」の大人が「アジア系」あるいは「アフリカ系」の子どもと連れ立って歩いていたら、その子たちは養子だと当然のことのように受け止める雰囲気がある。

　北欧諸国では体外受精などの不妊治療には年齢制限があり、治療をしても子どもができないカップルの多くは、国際養子縁組を選択する。スウェーデンでは不妊治療を始めるとき、医師たちは代替策として国際養子縁組のことを伝えるという。なぜ「国際」養子なのか。社会保障が発達している北欧では、シングルの女性でも妊娠・出産して働くことのできる体制が整備されているので、国内で養子に出される子どもの数がとても少ない。そのため、養親になる人の圧倒的多くは外国から養子をもらわざるを得ないのである。中にはサンナさんやベッティナさんたちのように、生物学的子どもがいるのにも関わらず、養子をもらう親たちもいる。ベッティナさんの場合、子どもができず養子縁組の手続きを進めているとき男の子と女の子の双子を授かった。でも養子縁組で親になろうと最初に思ったのだからと、育児に手がかからなくなったとき養女を中国からもらった。最初の子どもは養子でと思っていたから、年齢は下でも養女の方が双子の「姉」なのだと彼女は笑った。

　養子の多くは、養父母を本当の親だと受け入れ自分をその国の市民だと考えている。エクアドルからの養女カリナさんは幼い頃父親が出生国へ行ってみようと誘っても断固として拒否した。生まれた国に行ったら養父母から引き離されてしまうのが怖かったからだ。子どもの時から彼女は「私はコウノトリが運んできたんじゃない、飛行機に乗ってスウェーデンに来たの」とまわりに話していたという。結婚した彼女の夫も韓国人養子で、二人の最初の子どもはベトナムからの養子である。「私と弟を空港で迎えたときが人生で最も美しい日だった」と言った養父母と同じ体験をしたくて、子どもができなくても不妊治療をせず、国際養子をカリナ夫婦は選択したのである。

しかし、養父母は養子縁組の事実を子どもが幼い頃から教えるだけでなく、子どもたちが生まれた国にも誇りを持ってほしいと、幼い頃から出生国の文化や芸術・料理に触れる機会を与えている。

　スウェーデンの首都ストックホルムに住むある養母は、コロンビアからの養子が生みの母を見つけに出かけたときは積極的にサポートし旅行にも同行した。コロンビアから二人養子をもらった別のスウェーデン人養母も、息子が出生国を訪問するツアーに同行し、息子が生みの母に会うのにも立ち会った。しかし生みの母に会ったときから即座に親子愛が生まれるというものでもない。生みの母よりも彼女が生んだ兄弟姉妹により親しみを持つ場合もある。また生みの親に会った後でも養子が養父母を愛することに変わりはなく、反対に生みの母とその新しい家族との再会はぎこちないものになることもある。スウェーデンのある養女は出生国のコロンビアで生みの母に会うことができたが、それ以来、生みの母の新しい家族からたびたびお金の無心をされ、自分より自分のお金に関心があるのではないかと思うようになった。生みの母に対しても名前で呼びかけ、彼女に対する気持ちは、母というより友人に対する感情だと話していた。

　それでも、国際養子の家族に北欧でお目にかかるたび、日本との違いを痛感する。日本では国際養子を迎えることがまれなだけでなく、国内の養子縁組さえ負のイメージでとらえがちのように思われるからだ。そこには「血のつながり」を何より重視する観念が強く根づいている。しかし「血」が生物学的・遺伝子的つながりを意味するようになったのは、たかだか江戸時代中期からであり、古代からの伝統的観念ではないのである。

　「血は水よりも濃い」という考え方は北欧にも見られるし、国際養子たちもいじめや差別にあい、自分は何者なのかという悩みにとらわれることもある。成人して初めて出生国の韓国を訪問した女性は、以後生活しているストックホルムを歩いていても、自分が周りの白人と外見が違うことが気になり居心地の悪さを感じるようになった。一方、韓国に行くと周りは自分と同じ外見の人たちばかりでほっとするが、自分は韓国人ではないという思いもあるという。

　しかし、見た目や「血のつながり」よりも日々のまじわりで培われた「絆」を何よりも大切だと感じ、養子も実子だ、同じスウェーデン人だと受け入れている人たちの存在は、着実に社会に根づいている。

　1971（昭和46）年生まれの、アイスランド養子縁組協会会長のクリスティンは、自分が子どもの頃、アジアからの養子はセレブで、みんな仲良くなりたがっていたと語ってくれた。

イギリスのEU離脱やアメリカ大統領選でのトランプの勝利に見られるように、他者に対する不寛容や排除の空気が強まってきている。しかし身の回りの他者に寛容になること、そこから真のグローバル化がはじまることを北欧の人々は気づかせてくれるのである。

第5章　社会的養護の法制度と機関

1. 社会的養護の法制度

(1) 児童福祉法

　戦後の焼け野原の中、浮浪児、孤児が大きな社会問題となり、児童の貧困、窮乏が顕在化し、何らかの対応が必要となっていた。国民の窮乏は著しく、生活はきわめて悲惨な状況であった。

　このような社会状況の中、1947（昭和22）年に「児童福祉法」が制定され、ようやく児童の生命、健康を擁護するしくみが構築されたのである。この法律は、1) 総則、2) 福祉の保障、3) 事業、養育里親及び養子縁組里親並びに施設、4) 費用、5) 国民健康保険団体連合会の児童福祉法関係業務、6) 審査請求、7) 雑則、8) 罰則、の8章から構成されている。

　第1条は「全て児童は、児童の権利に関する条約の精神にのっとり、適切に養育されること、その生活を保障されること、愛され、保護されること、その心身の健やかな成長及び発達並びにその自立が図られることその他の福祉を等しく保障される権利を有する」、第2条は第1項で「全て国民は、児童が良好な環境において生まれ、かつ、社会のあらゆる分野において、児童の年齢及び発達の程度に応じて、その意見が尊重され、その最善の利益が優先して考慮され、心身ともに健やかに育成されるよう努めなければならない」、第2項で「児童の保護者は、児童を心身ともに健やかに育成することについて第一義的責任を負う」と規定する。さらに、児童育成に対する責任として、第2条第3項では、「国及び地方公共団体は児童の保護者とともに児童を心身ともに健やかに育成する責任を負う」と規定している。

　同法は、経済社会の変化により、「選別的福祉」から「普遍的福祉」への転換をする必要が生じた。1997（平成9）年には、同法は抜本的に改正され、今日の状況に

あったシステムとして再編されることになる。

　まず、保育所の入所が「措置制度」から「利用選択制度」に転換され、保護者等の利用者が保育所を選択できるしくみになり、保育料の徴収も、これまでの所得に応じた「応能負担」から、応分のサービスを受けたコスト分を負担する「応益制度」となった。所得に関わらず、基本的には平等な負担が構築されていったのである。

　また、共働きを前提に小学1年生から3年生の子どもを対象とする「放課後児童健全育成事業」が制度化され、「児童福祉施設」等の再編が同時に行われた。さらに、地域の子育て等の相談に対応する「児童家庭支援センター」が創設された。この支援センターは、一般的には児童福祉施設内に設置され、関係機関への連絡調整を担うことになる。

　2001（平成13）年改正は、認可保育所に対して、都道府県の監督が強化されることになり、この背景として無認可保育所が乳幼児の事故等の事件に対して何らかの対応をすることが急務となったことがあげられる。

　また、保育士資格が国家資格となり業務の定義や機関の指定、登録等が規定され、名称独占資格として位置づけられた。

　さらに、民生委員・児童委員制度を見直し、主任児童委員が同法で規定されることになった。同委員は、市町村を単位に子どもや子育て等において住民に寄り添う特別職地方公務員である。

　2003（平成15）年改正は、子育て支援の充実を規定しており、「地域子育て支援センター」や「つどいの広場」の充実、「特別保育」の拡充等を規定し、市町村が主体となり、待機児童の解消のための保育計画の策定が義務づけられることになった。

　2004（平成16）年改正は、先に2000（平成12）年「児童虐待防止法」の制定により、虐待への対応が始まったが、2004（平成16）年の改正法においては児童相談所の窓口だけでなく、市町村も窓口になり、困難事例は児童相談所、その他の案件は市町村という役割分担が明確になった。また、地域において関係機関の連絡調整を行うため「要保護児童対策地域協議会」を設置し、「乳児院」は入所年齢の引き上げを行い、「児童養護施設」は入所年齢の引き下げを行った。また、要保護児童に対する家庭裁判所の関与を強化する内容も盛り込んでいる。

　2007（平成19）年、「児童虐待防止法」が改正され、児童相談所に強い権限が与えられた。例えば、訪問調査時に子どもの安否確認が取れなかった場合、保護者等に

出頭要求をすることができる。もし、期日の時間に児童相談所に出頭しない場合、虐待があったと見なされ、同相談所は立ち入り調査を行うことが可能となった。また、保護者が同相談所の指示に従わない場合、一時保護や施設入所の措置が行えることになった。さらに、保護者に対して、同相談所は面会、通信等の制限ができ、子どもの保護の強化策が取られることになった。

　2008（平成20）年改正は、子育て支援事業の充実をはかるため、各施策が講じられることになった。まず、生後4か月未満の乳児家庭に対し、保健師、保育士等が訪問し、保護者や乳児の異常を把握する事業が施行された。また、ニーズ（必要性）がある場合、改めて保健師等が訪問支援する「養育支援訪問事業」を創設し、地域の子育てを後押しする「地域子育て拠点事業」も正式に事業化した。

　さらに、保育事業の一つとして、5人未満の乳幼児を保育士等の自宅で保育する「家庭的保育」も事業化した。また、里親制度においても見直しがあり、養育里親の経験者等が、ボランティアでなく一つの事業所として児童を養育する「小規模住居型児童養育事業」（ファミリーホーム）も規定した。加えて、養育里親と養子縁組里親とを区別し、養育里親の役割を強化する対策も講じられた。また、児童福祉施設の退所、里親の委託解除の子どもの生活支援や就労支援を行う自立援助ホーム（児童自立生活援助事業）の対象の年齢を18歳未満から20歳未満に引き上げた。

　2012（平成24）年改正では、同年「子ども・子育て支援法」「認定こども園法」「子ども・子育て支援整備法」の三法の制定、改正により2015（平成27）年から新しい「子ども・子育て新制度」が施行されることになり、「認定こども園」「小規模保育」「家庭的保育」等の保育の機能が再編されることになった。この新制度を後押しするため、2013（平成25）年に「待機児童解消加速化プラン」が策定され、同年から5年間で50万人の保育の受け皿が整備された。

　2016（平成28）年には、特に児童虐待に対応するしくみが改正された。内容は以下のとおりである。①児童相談所に弁護士を配置し、法的対応を強化する。②児童相談所、市町村が医療機関、学校等に児童の情報を得ることが可能となる。③東京23区内に児童相談所の設置を認める。④市町村において「要保護児童対策地域協議会」を運営する場合、専門職の配置を義務づける。⑤市町村に虐待防止を支援する拠点づくりが努力義務となる。⑥児童相談所の業務を市町村へ引き継ぐ。⑦自立援助ホームの入所年齢を20歳未満から22歳未満に引き上げる。

(2) 児童福祉施設の設備及び運営に関する基準

　同基準の目的は、「都道府県知事の監督に属する児童福祉施設に入所している者が、明るくて、衛生的な環境において、素養があり、かつ、適切な訓練を受けた職員の指導により、心身ともに健やかにして、社会に適応するように育成されることを保障するものとする」（同基準第2条）と規定している。同基準は、設備、運営の最低基準を定めたものであり、厚生労働大臣は設備、運営基準を向上させるよう努める義務も規定している。ここでは、そのポイントについてふれる。

　第3条「最低基準の向上」、第4条「最低基準と児童福祉施設」を規定しており、特に重要なのは第5条「児童福祉施設の一般原則」であり、入所者の人権を謳っている。「児童福祉施設は、入所している者の人権に配慮するとともに、一人一人の人権を尊重して、運営を行わなければならない」。同基準第5条2項、3項には「地域社会との交流や連携」「運営内容の評価や結果公表」等が定められている。

　第7条「児童福祉施設における職員の一般原則」は、「児童福祉施設に入所している者の保護に従事する職員は、健全な心身を有し、豊かな人間性と倫理観を備え、児童福祉事業に熱意のある者であって、できる限り児童福祉事業の理論及び実際について訓練を受けた者でなければならない」と規定し、職員のモラルについて記している。また第7条の2では、児童福祉施設の職員の知識および技能向上等について、「児童福祉施設の職員は、常に自己研鑽に励み、法に定めるそれぞれの施設の目的と達成するために必要な知識及び技能の修得、維持及び向上に努めなければならない」とあり、児童福祉専門職の基本姿勢を示している。

　また、第9条「入所した者を平等に取り扱う原則」、第9条の2「虐待の禁止」、第9条の3「懲戒に係る権限の濫用禁止」、第14条の2「秘密保持」、第14条の3「苦情への対応」がそれぞれ規定され、児童福祉専門職の利用者に対する基本姿勢について明らかにしており、重要な条文である。

　他に第2章「助産施設」、第3章「乳児院」、第4章「母子生活支援施設」、第5章「保育所」、第6章「児童厚生施設」、第7章「児童養護施設」、第8章「福祉型障害児入所施設」、第8章の2「医療型障害児入所施設」、第8章の3「福祉型児童発達支援センター」、第8章の4「医療型児童発達支援センター」、第9章「児童心理治療施設」、第10章「児童自立支援施設」、第11章「児童家庭支援センター」があり、基準が細

かく規定されている。

(3) 里親が行う養育に関する最低基準

　2002（平成14）年にこの基準がつくられた。同基準第3条「最低基準と里親」の中で、「里親は、最低基準を超えて、常に、その行う養育の内容を向上させるように努めなければならない」と規定されている。里親は、養育水準の維持、拡充をめざすことが役割であり、国、自治体も最低基準の向上に努めなければならないことが示されている。

　第4条は養育の一般原則を定めている。第1項「里親が行う養育は、委託児童の自主性を尊重し、基本的な生活習慣を確立するとともに、豊かな人間性及び社会性を養い、委託児童の自立を支援することを目的として行わなければならない」。第2項「里親は養育を効果的に行うため、都道府県が行う研修を受け、その資質の向上を図るよう努めなければならない」。

　第5条は児童を平等に養育する原則を定めている。「里親は、委託児童に対し、自らの子若しくは他の児童と比して、又は委託児童の国籍、信条若しくは社会的身分によって、差別的な養育をしてはならない」。

　第6条は虐待の禁止を定めている。「里親は、委託児童に対し、（中略）心身に有害な影響を与える行為をしてはならない」。

　第10条は自立支援計画の遵守を定めている。「里親は、児童相談所長があらかじめ当該里親並びにその養育する委託児童及びその保護者の意思を聴いて当該委託児童ごとに作成する自立支援計画に従って、当該委託児童を養育しなければならない」。このように、児童一人ひとりにあった支援計画が設けられなければならないとしている。

　第11条は秘密保持を定めている。「里親は正当な理由なく、その業務上知り得た委託児童又はその家族の秘密を漏らしてはならない」。このように、里親には児童の個人情報の漏洩がないよう秘密を厳守する義務が規定されている。

　第13条第1項は苦情への対応を定めている。「里親は、その行った養育に関する委託児童からの苦情その他の意思表示に対し、迅速かつ適切に対応しなければならない」。児童も大人と同じ人格権を有し、里親は児童からの苦情に誠実に対応することが求められている。

　この他に、第14条「都道府県知事への報告」、第15条「関係機関との連携」、第16条「養育する委託児童の年齢」、第17条「養育する委託児童の人数の限度」、第20条「家庭環境の調整への協力」等が同基準に規定されている。

(4) 障害児施設等の運営基準

1) 児童福祉法に基づく指定通所支援の事業等の人員、設備及び運営に関する基準

　基準では指定障害児通所支援事業者等の人員、設備、運営の最低限の確保が規定されている。

　第3条「指定障害児通所支援事業者等の一般原則」では、「同事業者等は、通所給付決定保護者及び障害児の意向、障害児の適性、障害の特性その他の事情を踏まえた計画を作成し、これに基づき障害児に対して指定通所支援を提供するとともに、その効果について継続的な評価を実施することその他の措置を講じることにより障害児に対して適切かつ効果的に指定通所支援を提供しなければならない」と規定し、事業者の障害児に対する通所支援のあり方を定めている。

　また、第2章「児童発達支援」第1節「基本方針」、第2節「人員に関する基準」、第3節「設備に関する基準」、第3章「医療型児童発達支援」第1節「基本方針」、第2節「人員に関する基準」、第3節「設備等に関する基準」、第4節「運営に関する基準」が定められており、事業者等の責務が規定されている。

　同様に、第4章「放課後等デイサービス」、第5章「保育所等訪問支援」も規定している。

2) 児童福祉法に基づく指定障害児入所施設等の人員、設備及び運営に関する基準

　通所施設と同じように障害児入所施設等の一般原則、人員に関する基準、設備に関する基準を同様に規定し、事業者等の責務を規定している。

　その他に「児童福祉法に基づく指定障害児相談支援の事業の人員及び運営に関する基準」も定められている。

2. 社会的養護の関連機関

(1) 児童相談所

　同相談所は、都道府県、政令市に置かれており、また中核市にも設置することができる。2016（平成28）年の「児童福祉法」改正により、東京23区にも設置できるようになった。なお、同相談所は同法第12条に規定されている。児童及び妊産婦の福祉に関し、次のような業務を行う。①市町村の区域を超えた広域的見地から、実情の把握に努める。②児童に関する家庭その他からの相談のうち、専門的知識及び技術を必要とするものに応ずる。③児童及びその家庭につき、必要な調査並びに医学的、心理学的、教育学的、社会学的、精神保健上の判定を行う。④児童及びその保護者の調査、判定に基づいて指導を行う。⑤児童の一時保護を行う。⑥里親に対しその相談に応じ、必要な情報の提供、助言、研修その他の援助を行う。⑦市町村に対して必要な助言を行う。

(2) 保健所

　保健所は「地域保健法」第5条に規定され、都道府県、政令指定都市、中核市その他に置かれている。業務は以下のとおりである。①正しい衛生知識の普及を図る。②児童の健康相談に応じ、保健指導を行う。③身体に障害のある児童及び疾病により長期にわたり長期療養を必要とする児童の療育について指導を行う。④児童福祉施設に対し、栄養の改善その他衛生に関し、必要な助言を与える。

(3) 福祉事務所

　「社会福祉法」第14条に規定され、都道府県、市に置かれている。なお、町村は任意設置である。業務は、利用者の援護、育成または更生の措置を行い、本人の資産、環境等を調査し、保護その他の措置の必要の有無及びその種類を判断し、本人に対し生活指導等を行う。同事務所は、「生活保護法」「児童福祉法」「母子及び父子並びに寡婦福祉法」「老人福祉法」「身体障害者福祉法」「知的障害者福祉法」等を司っているが、都道府県の事務所と市の事務所で扱っているものに若干相違がある。

(4) 身体障害者更生相談所

　同相談所は「身体障害者福祉法」第10条に規定され、都道府県、政令市に設置されている。業務には、次のようなものがある。①市町村の援護の実施に関し、市町村相互間の連絡調整を行う。②市町村に対する情報の提供、その他必要な助言を行い、これらに付随した業務を行う。③市町村の区域を超えた広域的見地から、実情の把握に努める。④身体障害者に関する相談及び技術を必要とするものを行う。⑤身体障害者の医学的、心理学的及び職能的判定を行う。⑥必要に応じ、身体障害者の補装具の処方及び適合判定を行う。⑦市町村に対して必要な助言を行う。

(5) 知的障害者更生相談所

　同相談所は、都道府県、政令市に置かれており、「知的障害者福祉法」第12条に規定している。業務には、次のようなものがある。①市町村の更生援護の実施に関し、市町村相互間の連携及び調整、市町村に対する情報の提供その他必要な援助を行う。②市町村の区域を超えた広域見地から実情の把握に努める。③知的障害者に関する相談及び指導を行う。④専門的な知識及び技術を必要とするものを行う。⑤18歳以上の知的障害者の医学的、心理学的、職能的判定を行う。

(6) 児童委員

　同委員は「児童福祉法」第16条に規定されている。職務は次のとおりである。①児童及び妊産婦につき、その生活及び取り巻く環境の状況を適切に把握する。②児童及び妊産婦につき、その保護、保健その他の福祉に関し、サービスを適切に利用するために必要な情報の提供その他の援助及び指導を行う。③児童及び妊産婦に係る社会福祉を目的とする事業を経営する者又は児童の健やかな育成に関する活動を行う者と密接に連携し、その事業又は活動を支援する。④児童福祉司又は福祉事務所の社会福祉主事の行う職務に協力する。⑤児童の健やかな育成に関する気運の醸成に努める。⑥必要に応じて、児童及び妊産婦の福祉の増進を図るための活動を行う。

　また、児童委員は市町村の区域に置かれ、都道府県知事の指揮監督を受けることになる。なお、主任児童委員は、児童委員から選ばれ市町村全体が活動の領域となっている。

参考文献

厚生労働省 (2020)『厚生労働白書2020年版』日経印刷

社会福祉の動向編集委員会編 (2020)『社会福祉の動向2020年版』中央法規

厚生労働統計協会編 (2020)『国民の介護と福祉の動向』厚生労働統計協会

山縣文治他編 (2013)『よくわかる社会的養護』ミネルヴァ書房

櫻井慶一編 (2014)『社会的養護新版』北大路書房

松井圭三他編 (2013)『児童家庭福祉』大学教育出版

［コラム］フィンランドの子ども議会

片岡佳美

　フィンランドの憲法では、子どもはそれぞれ個人として平等に扱われるべきであり、また、その成長度に応じて自分自身に起こる問題には自らの影響を及ぼすことが認められるべきと謳われている。つまり、子どもであっても意思決定に関わる権利があるとされている。

　確かに、自ら意思決定できることは重要な人権の一つと言えるであろうが、小さな子どもにいきなり何でも意思決定に参加させるというのはやはり難しいように思われる。どのおもちゃで遊ぶかということならともかく、どの親とどこで暮らしたいかなどといった決定は、親など大人が決めてあげないといけないと考えられがちだ。しかし、フィンランドでは、だからといって何でも大人による代弁で済ませて終わるべきではないとされる。子どもを、自分に関わる問題でもその意思決定をだれかに依存しなければならない弱者のままにしておくのではなく、一刻も早く自ら決定できる自立した個人にしていくことに力が注がれるのである（そして、それが行政の責任とされる）。その取り組みの一例が、子ども議会の活動である。

　私は以前、フィンランド国内初（2003（平成15）年）の、市立子どもオンブズマンが誕生したタンペレ市の子どもオンブズマンにインタビューする機会があった。子どもオンブズマンは、子どもの権利の保護・促進のための活動を担うのであるが、その活動内容は、制度や政策を子どもの権利という視点から点検・監視するだけにとどまらない。子どもたちが自らの意見やニーズを自分で伝えられるような機会の創出も子どもオンブズマンの重要な任務であり、そのためにタンペレ市ではとくに子ども議会の活動の推進や支援に力を入れているとのことだった。

　タンペレ市の子ども議会は2001（平成13）年に始まり、学校や地域での生活に関する意思決定に7～12歳の子どもたちが直接参加する機会を提供している。私が聞いたエピソードでは、学校内に置かれた大きな石を教員や保護者が危険という理由で撤去しようとしたところ、子どもたちが遊びの道具として置いておいてほしいと反対し、子ども議会で子どもと大人が議論したということだった。どうしたら安全を確保できるか、子どもたちは大人と対等に話し合ったという。結果として、石は危険な部分だけ取り除かれて学校に残される

ことになった。こうして子どもたちは自分の考えを伝え、意思決定に反映させ
ることについて体験的に学んでいくのである。なお、フィンランドでは、
2007（平成19）年に全国版の子ども議会も設立されている。こちらはイン
ターネット上の議会であり、各地域の代表の子どもたちがオンラインで議論に
参加している。

　議会ではもちろん、自分の意見と他の人の意見がぶつかるときもある。その
結果、自分の意見が通らない場合もあるだろう。しかし、インタビューのなか
で子どもオンブズマンは、子どもたちがそうして「忍耐」の訓練をすることも
重要だと語った。社会にはさまざまな価値観や意見があり、自分の考えがつね
に他の人に受け入れられるわけではない。そして、意思決定に自らの影響を及
ぼす権利は、自分だけでなく他の人たちにもある。そうした気づきを通して、
自己主張するだけでなく互いに相手の意見を聞き、違いを尊重しあうことを学
ぶことも、子ども議会のねらいなのだという。

　意思決定に参加するという自分自身の権利を享受する力の育成と、民主主義
的な社会のなかで他の人たちと共に生きていく力の育成。子どもの人権を大人
の人権と同等に捉えることに由来する、こうした子どものエンパワメント活動
に私たちが学ぶべきことは多い。

第6章 社会的養護の体系
―社会的養護利用までの手続き

1. 措置制度

　措置とは、どのような施設等で、どのような保護や支援を受けることが子どもにとって最善か、児童相談所などの行政が専門的知見に基づいて決定する仕組みのことである。

　「児童福祉法」上の措置制度に、児童の一時保護がある。一時保護は、児童相談所長の権限により決定することができる。対象児童は、家出児童や、速やかに保護者から引き離す必要がある被虐待児童、非行性が顕著な児童などである（図6-1参照）。

2. 利用契約制度

　利用者の判断が可能なため措置制度ではないが、支援等の観点から行政への申し込み決定の仕組みをとる選択利用制度がある。「児童福祉法」上の選択利用制度としては、母子生活支援施設、助産施設、保育所、自立援助ホームがある。

　母子生活支援施設では、母子での利用に当たり、子どもに虐待がないかの確認や、DV被害者が遠隔地に避難するための広域利用の調整などに、福祉事務所が関与している。また助産施設でも、生活困窮者への支援等とともに、福祉事務所が関与している。そして、自立援助ホームでは、児童養護施設等を退所した年長児童等に対して、児童相談所が継続的に支援している。

　保育所入所制度は、1997（平成9）年の「児童福祉法」改正により、措置から行政との契約となった。このことにより、措置に代わって、保護者は預けたい保育所を選べるようになった。保護者は入所希望の保育所を市町村に申し込み、最終決定は市町村がすることとなる。この時、必ずしも第一希望の保育所に入所できるとは限らない。また待機児童問題等があり、つまりどこの希望保育所にも入所できない

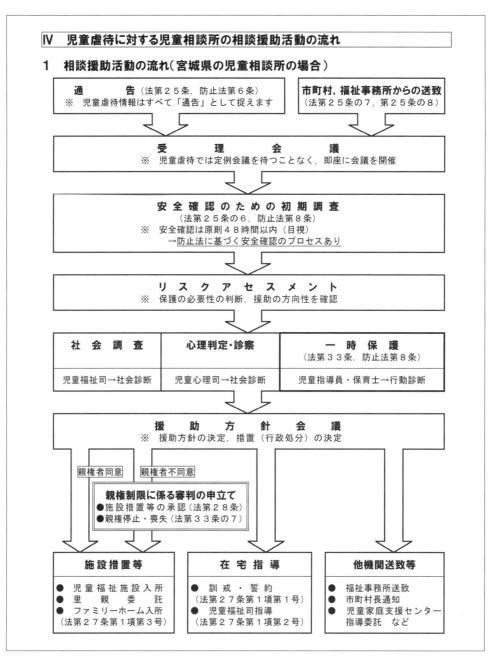

図6-1　相談援助活動の流れ

出典　宮城県東部児童相談所　大石景弘「虐待が発見されてからの流れ・ケース会議・措置制度などについて」
http://cl-miyagi.org/wp-content/uploads/2014/02/34cefa24ee9429abe40021391cffb16f.pdf
p.4

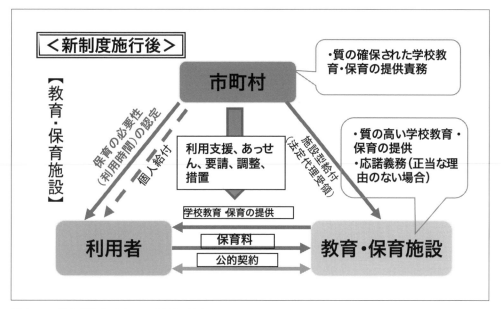

図6-2　保育所等入所までの手続き・流れ
出典　内閣府子ども・子育て本部（2017）『子ども・子育て支援新制度について』
http://www8.cao.go.jp/shoushi/shinseido/outline/pdf/setsumei.pdf　p.8

ケースもある。

　入所が決定すると、市町村が利用時間や保育料の決定をする（図6-2参照）。

　また、障害者福祉制度は、2003（平成15）年4月の「支援費制度」の導入により、従来の措置制度から大きく転換した。措置制度では行政がサービスの利用先や内容などを決定していたが、支援費制度では障害者の自己決定に基づきサービスの利用ができるようになった。

　2005（平成17）年11月には「障害者自立支援法」が公布され、これまで障害種別ごとに異なっていたサービス体系を一元化するとともに、障害の状態を示す全国共通の尺度として「障害程度区分」（現在は「障害支援区分」という）が導入され、支給決定のプロセスの明確化・透明化が図られた。そして、2010（平成22）年の法律改正では、利用者負担が抜本的に見直され、これまでの利用量に応じた1割を上限とした定率負担から、負担能力に応じたもの（応能負担）になり、2012（平成24）年4月から実施された。2012（平成24）年6月には「地域社会における共生の実現に向けて新たな障害保健福祉施策を講ずるための関係法律の整備に関する法律」が公布され、この法律により2013（平成25）年4月に「障害者自立支援法」は「障害者の日

常生活及び社会生活を総合的に支援するための法律」（障害者総合支援法）となり、障害者の範囲に難病等が追加されたほか、障害者に対する支援の拡充などの改正が行われた。

　そして、障害児施設への入所に関しては、2005（平成17）年の「児童福祉法」の改正により、保護者と事業者との契約による「契約制度」が導入された。これにより、障害児施設への入所に関し、契約により行うか、措置により行うかに関する判断については、各都道府県が個別に行うこととなった。

　措置のケースには、①保護者が不在であることが認められ利用契約の締結が困難な場合、②保護者が精神疾患等の理由により制限行為能力者又はこれに準ずる状態にある場合、③保護者の虐待等により、入所が必要であるにも関わらず利用契約の締結が困難な場合、などがある。

3. 被措置児童等の虐待防止

　被措置児童等の虐待とは、様々な理由により家庭での養育が困難なため、施設への入所措置等をされた児童に対して、施設職員等が行う虐待を指す。

　「児童の権利宣言」（1959年）においては、児童は、「健康に発育し、かつ、成長する権利」及び「適切な栄養、住居、レクリエーション及び医療を与えられる権利」を有することとされており、全ての子どもについて、これらの権利が守られる必要がある。また、「児童の権利に関する条約」においても、「児童が父母、法定保護者又は児童を監護する他の者による監護を受けている間において、あらゆる形態の身体的若しくは精神的な暴力、傷害若しくは虐待、放置若しくは怠慢な取扱い、不当な取扱い又は搾取（性的な虐待を含む）からその児童を保護する」ことが規定されている。

　何らかの事情により家庭での養育が受けられなくなった子ども等の被措置児童等についても、これらの権利が守られる必要があり、施設等は、子どもたちが信頼できる大人や仲間の中で安心して生活を送ることができる場でなければならない。しかし、子どもが信頼を寄せるべき立場の施設職員等が入所中の子どもに対して虐待を行うということが起きており、こうしたことは子どもの人権を侵害するものであり、絶対にあってはならないことである。

　児童養護施設等の児童福祉施設における子どもの権利擁護については、これまで「児童福祉施設最低基準」(昭和23年厚生省令第63号 現「児童福祉施設の設備及び運営に関する基準」)及び「児童福祉施設における施設内虐待の防止について」(平成18年10月6日雇児総発第1006001号厚生労働省雇用均等・児童家庭局総務課長通知)、「児童養護施設等に対する児童の権利擁護に関する指導の徹底について」(平成11年10月22日児家第60号厚生省児童家庭局家庭福祉課長通知)等において、取組むこととなっていた。しかし、2009(平成21)年4月から「児童福祉法」の一部改正により、被措置児童等虐待の防止等の枠組みが制度化された。これにより、被措置児童等虐待を発見した者に通告義務が課せられ、通告等を受けた県は事実確認や必要な措置等を行うとともに、県のとった対応について児童福祉審議会に報告すること及び定期的に被措置児童等虐待の状況を公表することが義務づけられた。すべての関係者が子どもの最善の利益や権利擁護の観点をしっかり持ち、被措置児童等虐待の発生予防から早期発見、迅速な対応、再発防止等のための取組を総合的に進めていくことが求められている。

　対象施設等は、里親、小規模住居型児童養育事業、乳児院、児童養護施設、児童自立支援施設、児童心理治療施設(旧・情緒障害児短期治療施設)、障害児入所施設等、指定医療機関、一時保護所、一時保護受託機関などである。

4.　社会的養護と地域福祉

(1) 地域における子ども・子育て支援の充実に向けて

　政府は、子ども・子育て支援新制度推進に向け、すべての子ども・子育て家庭を対象に、市町村主体の教育・保育、地域の子ども・子育て支援の量・質の充実を図ってきた。量的拡充は、厚生労働省子ども家庭局家庭福祉課によると「市町村子ども・子育て支援事業計画に基づき、教育・保育、地域の子ども・子育て支援の計画的な事業量の拡充」であった。質の向上も、同課(2021：156)によると「子ども・子育て支援新制度の基本理念である、質の高い教育・保育、地域の子ども・子育て支援の実現」であった。

　2021(令和3)年度において、政府は、子どものための教育・保育の給付として「施

設型給付、委託費（認定こども園、幼稚園、保育所に係る運営費）」「地域型保育給付（家庭的保育、小規模保育、事業所内保育、居宅訪問型保育に係る運営費）」を位置づけた（厚生労働省子ども家庭局家庭福祉課）。そして、地域子ども・子育て支援事業として「市町村が地域の実情に応じて実施する事業」、具体的には「利用者支援事業、延長保育事業、放課後児童健全育成事業、地域子育て支援拠点事業、一時預かり事業、病児保育事業、子育て援助活動支援事業（ファミリー・サポート・センター事業）」等を支援した（厚生労働省子ども家庭局家庭福祉課）。また、社会的養護の充実は、「児童養護施設等の小規模かつ地域分散化や職員配置基準の強化を含む高機能化等の推進など、質の向上」「児童養護施設等の受入児童数の拡大（虐待を受けた子どもなど社会的養護が必要な子どもの増加への対応）」がなされた（厚生労働省子ども家庭局家庭福祉課）。

(2) 社会的養護の量的拡充と質改善

　社会的養護関係の量的拡充と質改善は、2014（平成26）年3月28日第14回子ども・子育て会議及び第18回基準検討部会合同会議における『子ども・子育て支援新制度における「量的拡充」と「質の改善」について』で示された（厚生労働省子ども家庭局家庭福祉課　2021：158）。具体的には、社会的養護の充実のために、「児童養護施設等の職員配置基準の改善（5.5：1→4：1等）」が示された。そして、2015（平成27）年度から5年かけて全施設で実施することを目標として「児童養護施設等にチーム責任者1名を配置」「児童養護施設及び乳児院に里親支援担当職員1名を配置」「児童養護施設に自立支援担当職員1名を配置」「児童養護施設、乳児院及び母子生活支援施設に心理療法担当職員1名を配置」された。また、「小規模グループケア、地域小規模児童養護施設の増加」「民間児童養護施設の職員給与等の改善」「施設に入所等している大学進学者等に特別育成費及び自立生活支援支度費を支給」「母子生活支援施設に保育設備を設けている場合に保育士の人員配置の引上げ」がなされた。特に、「児童養護施設等の職員配置を改善（5.5：1→4：1等）」「児童養護施設の小規模かつ地域分散化の推進」「児童養護施設等の職員配置基準の強化を含む高機能化の推進」「民間児童養護施設等の職員給与の改善（3%）」は、子どもたちを地域の生活者としてとらえ、将来的に地域で生活するための対応であった。

(3) 社会的養護と子ども・子育て支援新制度

　2012（平成24）年8月成立の「子ども・子育て支援法」では、子どもが不適切な養育を受けたときに要保護児童として市町村がその子どもを保護するとともに、地域の子ども・子育て家庭を対象とした事業を行うことになっている。都道府県が社会的養護などの専門性の高い施策を引き続き担うために、都道府県の設置する児童相談所を中心とした支援体制を維持することになっている。そして、同法では、今後、市町村と都道府県との連携確保のため、「市町村子ども・子育て支援事業計画」では社会的養護関係の施設・機関と他の専門機関との連携、また、「都道府県子ども・子育て支援事業支援計画」では、要保護の児童等に対する専門的な対応方法を学ぶた

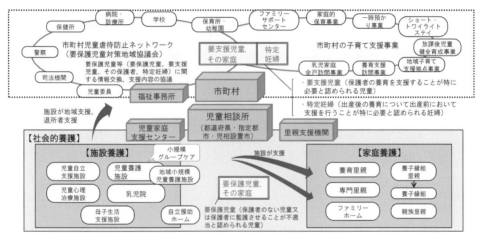

図6-3　社会的養護と子ども・子育て支援新制度
出典　厚生労働省子ども家庭局家庭福祉課（2017）「社会的養育の推進に向けて」p.74
https://www.mhlw.go.jp/file/06-Seisakujouhou-11900000-Koyoukintoujidoukateikyoku/
0000187950.pdf〈2021年5月28日〉

めの支援、そのために必要な市町村との連携の必要性を示している。（図6-3）のとおり、児童相談所を中心とした社会的養護は、市町村の児童家庭相談や子育て支援と連携して子ども・子育て支援を推進することになっている。

(4) 社会的養護関係の職員が協働する社会資源

1) 社会的養護を取り巻く社会資源
　前項で示した図6-3より、社会的養護を取り巻く社会資源をみていくと、主として

地域には福祉・教育に関する資源があるとわかる。福祉関係の資源は、福祉事務所、保健所・保健センター、児童相談所、保育所等がある。教育関係の資源は、幼稚園、小学校等がある。日々の子どもの暮らしの充実のために、社会的養護関係の職員は、地域における社会資源と協働する必要がある。ここでは、行政機関と教育機関の資源について述べることとする。

2）社会資源の特徴

①行政機関

社会的養護に関わる行政機関は、児童相談所、福祉事務所、保健所である。

児童相談所は、「児童福祉法」第12条に明記されている行政機関であり、運営内容は「児童相談所運営指針」に定められている。ここには児童福祉司、児童心理司、医師、児童指導員、保育士等が配置されるが、子どもに関する相談があったときに子ども・子育て支援を行う。主な業務には、「相談支援」「医学的・心理学的・社会学的・精神保健上の判定」「判定にもとづく児童福祉司の指導及び児童委員・児童家庭支援センターへの指導委託」「一時保護」「施設入所・里親委託の措置・措置の解除及び変更」「市町村への助言」がある。

福祉事務所は、「社会福祉法」第3章「福祉に関する事務所」の第14条から第17条に定められている。子ども関連で見ていくと、家庭児童相談室が設置されている。そこでは、子ども家庭相談に従事する社会福祉主事と家庭相談員が配置され、子ども・子育て支援をしている。主な業務には、「所轄区域内における地域の把握」「子どもの福祉に関する相談助言」「母子保健に関する支援」「被虐待児に関する通告の受理及び母子・父子・寡婦福祉資金貸付の申請受理」「児童相談所への送致」がある。

保健所は、「地域保健法」第6条に定められ、「児童福祉法」第12条の6にその業務が明記されている。具体的には、「衛生知識の普及」「健康相談及び健康診査、必要に応じた保健指導」「療育に関する指導」「児童相談所との協力」である。

②小学校・幼稚園・保育所

小学校は、「学校教育法」第4章に定められ、そこには、校長、教頭、教諭、養護教諭、事務職員などが働いている。その目的は、「心身の発達に応じて義務教育として行われる普通教育のうち基礎的なものを施すこと」である。幼稚園は、「学校教育法」第3章に定められ、そこには、園長、教頭及び教諭などが働いている。その目的は、「義務教育及びその後の教育の基礎を培うものとして、幼児を保育し、幼児の

健やかな成長のために適当な環境を与えて、その心身の発達を助長すること」である。また、保育所は、「児童福祉法」第39条に定められて、その目的は「保育を必要とする乳児・幼児を日々保護者の下から通わせて保育を行うことを目的とする施設（利用定員が20人以上であるものに限り、幼保連携型認定こども園を除く）」「特に必要があるときは、保育を必要とするその他の児童を日々保護者の下から通わせて保育すること」である。よって、日々、小学校・幼稚園・保育所は、子どもの状況を把握しながら保育・教育をする場であり、社会的養護関係の職員が子どもの状況に気になることが見受けられるとき、情報共有することができる。

参考文献

厚生労働省ＨＰ　http://www.mhlw.go.jp/

山縣文治・林浩康編（2015）『よくわかる社会的養護』ミネルヴァ書房

中野菜穂子・鈴田和江編（2013）『社会的養護の理念と実践』みらい

櫻井奈津子編（2015）『社会的養護の原理』青踏社

厚生労働省子ども家庭局家庭福祉課（2021）「社会的養育の推進に向けて」https://www.mhlw.go.jp/file/06-Seisakujouhou-11900000-Koyoukintoujidoukateikyoku/0000187950.pdf<2021年3月6日>

中典子（2011）「地域家族福祉と学童保育の役割」日本放課後児童指導員協会編『放課後児童指導員資格認定講習会テキスト』pp.198–201

保育福祉小六法編集委員会編（2021）『保育福祉小六法　2021年版』みらい

第7章 社会的養護の体系
─家庭養護

　社会的養護は、「施設養護」と「家庭養護」に大別される。「施設養護」は、児童福祉施設（児童養護施設や乳児院など）で養育することであり、「家庭養護」は子どもを養育者の家庭に迎え入れて養育することである。その代表的なものには以下に述べる里親制度などがある。

　家庭には、「家庭」という生活環境において、特定の養育者のもと、安定的で断続的な養育を受けられることに利点があり、こうした家庭環境のもとで養育されることで、情緒を安定させ、信頼関係に基づく豊かな人間関係を築き、自立に向けた生きる力を身に付けていくことが期待される。特に就学前の乳幼児期は、愛着関係の基礎を作る大切な時期であり、児童が安心できる、温かく安定した家庭で養育され

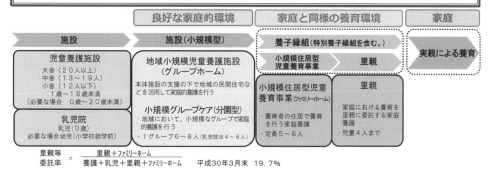

図7-1　家庭と同様の環境における養育の推進
出典　厚生労働省HP「社会的養育の推進」p.12　https://www.mhlw.go.jp/content/000503210.pdf

ることが重要である（図7-1参照）。ここでは、「家庭養護」に含まれる「里親制度」や「小規模住居型児童養育事業（ファミリーホーム）」「養子縁組」について述べていく。

1. 里親制度

(1) 里親制度とは

　里親制度とは、さまざまな事情で家庭での養育が困難または受けられなくなった子どもを自分の家庭に迎え入れて、温かい愛情と正しい理解を持って養育をする制度である。対象者は、原則として18歳（措置延長の場合は20歳）までである。「児童福祉法」改正により、2017（平成29）年4月から、里親委託等中に18歳に達した者の措置変更・更新、一時保護が可能となった。里親制度等の改正の経緯は図7-2の通りである。

(2) 里親委託の役割

　里親委託は次のような①から③の効果が期待できることから、社会的養護では里親委託を優先して検討するべきとしている。

①特定の大人との愛着関係の下で養育され、安心感の中で自己肯定感を育み、基本的信頼感を獲得できる。
②適切な家庭生活を体験する中で、家族のありようを学び、将来、家庭生活を築く上でのモデルにできる。
③家庭生活の中で人との適切な関係の取り方を学んだり、地域社会の中で、社会性を養うとともに、豊かな生活経験を通じて生活技術を獲得できる。

　また、里親は委託解除後も関係を持ち、いわば実家的な役割を果たしている。措置解除後においても養育者と過ごした時間の長短にかかわりなく、子どもがどんなときにも立ち寄ることのできるようなつながりを持ち続けられることが望ましい。

昭和２３年１月　児童福祉法施行
・「里親家庭養育運営要綱」制定（昭和２３年１０月４日事務次官通知）

昭和６３年１月　特別養子縁組制度施行
・民法等一部改正により特別養子縁組制度実施（昭和６２年９月２６日公布、昭和６３年１月１日施行）
・「里親等家庭養育運営要綱」制定（昭和６２年１０月３１日事務次官通知）
・養子縁組あっせん事業届出制度実施

平成１４年１０月　里親制度改正
・「里親の認定等に関する省令」及び「里親が行う養育に関する最低基準」を制定
・専門里親、親族里親の創設（養育里親、親族里親、短期里親、専門里親の４類型）
・「里親支援事業」実施（里親研修事業、里親養育相談事業）、「一時的休息のための援助（レスパイトケア）」実施

・平成１６年児童福祉法改正で、里親による監護、教育、懲戒について児童福祉施設と同様の規定を追加
・子ども子育て応援プラン（平成１６年１２月）で、里親委託率を平成２１年度に１５％とする目標
・里親支援事業に、里親養育援助事業、里親養育相互援助事業を追加（平成１６年４月～）
・里親委託推進事業実施（平成１８年４月～）（児童相談所に「里親委託推進員」、「里親委託推進委員会」を設置）

平成２０年児童福祉法改正と里親制度の充実
・里親制度の改正（養育里親と養子縁組希望里親を制度上区分。養育里親の研修の義務化。里親支援の法定化。
　養育里親、専門里親、養子縁組希望里親、親族里親の４類型。里親認定省令に代わり、児童福祉法・施行令・施行規則に規定。）
・ファミリーホーム制度創設（平成２１年４月～）
・里親支援機関事業実施（平成２０年４月～）　（「里親支援事業」及び「里親委託推進事業」を統合）
・里親手当の倍額への引上げ（平成２１年４月～）

・少子化社会対策大綱（平成２７年３月）でファミリーホームを含めた里親等委託率を平成３１年度に２２％の目標

平成２３年度の取組み
・「里親委託ガイドライン」の策定（里親委託優先の原則など）（４月）
・ファミリーホームの措置費を新規開設半年間は、定員払いに（４月～）
・「社会的養護の課題と将来像」（７月）で、ファミリーホームを含めた里親等委託率を今後１０数年で３割以上を目標に
・養育里親の欠格条項の改正（５月～、同居人が成年被後見人等となったときを欠格条項から外す改正）
・親族里親の定義変更（９月～、おじ・おばには、里親手当が支給される養育里親を適用）
・「里親及びファミリーホーム養育指針」の策定、里親委託ガイドライン改正、ファミリーホームの要件改正（３月末）

平成２８年児童福祉法改正
・児童を「家庭」において養育することが困難であり又は適当でない場合は、児童が「家庭における養育環境と同様の養育環境」にお
　いて継続的に養育されるよう、また、児童を家庭及び当該養育環境において養育することが適当でない場合は、児童が「できる限り
　良好な家庭的環境」において養育されるよう、必要な措置を講ずることとされた。（家庭養育優先原則）（公布日（平成２８年６月
　３日）施行）
　※「家庭」とは実父母や親族等を養育者とする環境を、「家庭における養育環境と同様の養育環境」とは養子縁組による家庭・里親家庭・ファ
　　ミリーホームを、「できる限り良好な家庭的環境」とは小規模かつ地域分散化された施設における家庭に近い環境を指す。
・里親の普及啓発から里親の選定及び里親と児童との間の調整並びに児童の養育に関する計画の作成までの一貫した里親支援を都道府
　県（児童相談所）の業務として位置付け（平成２９年４月１日施行）
・養子縁組里親の法定化及び研修義務化（平成２９年４月１日施行）

平成２８年児童福祉法改正を踏まえた取組
・「新たな社会的養育の在り方に関する検討会」において、今後の社会的養育の在り方を示す「新しい社会的養育ビジョン」が取りま
　とめられ、平成２８年改正児童福祉法の理念等を具体化するとともに、実現に向けた改革の工程と具体的な数値目標（※）が示され
　た。（平成２９年８月）
　※・愛着形成に最も重要な時期である３歳未満については概ね５年以内に、それ以外の就学前の子どもについては概ね７年以内に里親委託率
　　　７５％以上を実現し、学童期以降は概ね１０年以内を目途に里親委託率５０％以上を実現する。
　　・遅くとも平成３２年度までに全国で行われるフォスタリング機関事業の整備を確実に完了する。　等
・平成２８年改正児童福祉法の理念のもと、「新しい社会的養育ビジョン」で掲げられた取組を通じて「家庭養育優先原則」を徹底
　し、子どもの最善の利益を実現していくため、各都道府県に対し、「都道府県社会的養育推進計画」を２０１９年度末までに策定いただ
　くとともに、２０１８年度から可能なものから、順次速やかに取組を進めていただくよう依頼。（平成３０年７月）
・質の高い里親養育を実現するため、都道府県が行うべきフォスタリング業務の在り方を具体的に提示するとともに、フォスタリング
　業務を民間機関に委託する場合における留意点や、民間機関と児童相談所との関係の在り方を示した「フォスタリング機関（里親養
　育包括支援機関）及びその業務に関するガイドライン」を策定。（平成３０年７月）

図7-2　里親制度等の改正の経緯

出典　図7-1に同じ。pp. 27-28

(3) 里親委託を推進する上での課題と取組

　現在、日本の社会的養護は、施設が9割で里親は1割の比率となっており、施設養護への依存が高い現状にある。社会的養護を必要とする子どもの数に対して必要な里親の数の確保は不十分であり、また、様々な課題を抱える子どもに対して、対応できる里親も少ない現状から、施設養護の役割も大きいものがあり、里親の充実に努めるとともに、施設養護の質の充実に努めていく必要がある。里親委託優先の原則を進めていくためには、里親に対する支援体制が重要かつ必須である。

　児童相談所は、これまでも里親からの相談に応じ、必要な情報提供や助言、研修の実施を行うなど、里親に対する援助を行ってきた。しかしながら、里親制度に対する社会的認知度が低く委託可能な登録里親が少ない、児童相談所が里親委託業務に十分に関わることができず、個別の里親への支援が行き届いていない等の課題があった。そのため、里親制度の広報啓発等による里親開拓から、里親と児童のマッチングや、里親に対する訪問支援、里親に委託された児童の自立支援まで、一貫した里親支援を都道府県（児童相談所）の業務として位置付けることとされた。また、児童相談所、里親、民間団体等が一体となり、一貫した支援を行うことが重要であることから、これらの業務を里親に対する支援について知見や経験を有するNPO法人等の民間団体に委託することも可能となった（図7-3参照）。

　ここ10年間の推移で見ると、それまで減少傾向にあった委託児童数は、2005（平成17）年に2,370人となったのを境に増加に転じ、2007（平成19）年度末の委託児童数3,633人（10.0％）から2017（平成29）年度末には委託児童数6,858人（19.7％）と増加傾向を維持している（図7-4参照）。

　里親等委託率は自治体間の格差が大きく、過去10年間で新潟市が25.2％から57.5％へ増加するなど、里親等委託率が5割を超えている自治体もある。

　また、さいたま市が過去10年間（2007（平成19）〜2017（平成29）年）で31.1％増加、福岡市が28.1％増加、静岡市が25.3％増加させるなど、大幅に里親等委託率を伸ばしている（図7-5参照）。

　これらの自治体では、児童相談所への専任の里親担当職員の設置、里親支援機関の充実、市町村と連携した広報、体験発表会、NPOや市民活動を通じた口コミなど、さまざまな取組が実施されている。こうした自治体の取組事例を普及し、国はさらに取組を推進していく必要がある。

里親養育包括支援（フォスタリング）事業

1. 事業内容

【平成31年度予算】169億円の内数（児童虐待・DV対策等総合支援事業）

里親のリクルート及びアセスメント、登録前・登録後及び委託後における里親に対する研修、子どもと里親家庭のマッチング、里親養育への支援（未委託期間中及び委託解除後のフォローを含む。）に至るまでの一貫した里親養育支援及び養子縁組に関する相談・支援を総合的に実施する事業に要する費用を補助。

①里親制度等普及促進・リクルート事業
　里親のリクルートに向けた現状分析や企画立案を行うとともに、それらを踏まえた積極的な広報啓発活動の実施により新たな里親を開拓する。
②里親研修・トレーニング等事業
　里親に対する登録前研修や更新研修を実施するとともに、未委託里親や委託後の里親に対して、事例検討やロールプレイ、実習などのトレーニングを実施することにより、養育技術の維持、向上を図る。また、フォスタリング業務を担当する職員の研修への参加を促進し、資質向上を図る。
③里親委託推進等事業
　子ども、実親及び里親家庭のアセスメントを踏まえた情報を基に、委託先の候補となる里親家庭の選定、委託の打診と丁寧な説明、子どもと里親の面会等を実施するとともに、委託後の子どもの自立に向けて、子どもや里親等の意向を踏まえた効果的な自立支援計画を作成する。
④里親訪問等支援事業
　里親家庭等への定期的な訪問や夜間・休日の相談窓口の開設等により、相談に応じるとともに、子どもの状態の把握や里親等への援助を行う。また、里親等が集い、養育についての話し合い等相互の交流を定期的に行い、情報交換や養育技術の向上を図る。
⑤共働き家庭里親委託促進事業
　企業に働きかけ、里親委託と就業の両立が可能となるような仕組みづくりを官民連携の下、共有し、分析・検証し、その成果を全国的に普及・拡大する。

2. 実施主体

都道府県・指定都市・児童相談所設置市（設置予定市区）　（民間団体等に委託して実施することも可）

3. 補助基準額（案）

別添参照

4. 補助率

国：1／2、都道府県・指定都市・児童相談所設置市：1／2

図7-3　里親養育包括支援（フォスタリング）事業

出典　図7-1に同じ。p. 45

○里親制度は、家庭的な環境の下で子どもの愛着関係を形成し、養護を行うことができる制度
○里親等委託率は、平成20年3月末の10.0%から、平成30年3月末には**19.7%**に上昇

年度	児童養護施設		乳児院		里親等※		合計	
	入所児童数（人）	割合（%）	入所児童数（人）	割合（%）	委託児童数（人）	割合（%）	児童数（人）	割合（%）
平成19年度末	29,823	81.8	2,996	8.2	3,633	10.0	36,452	100
平成20年度末	29,818	81.3	2,995	8.2	3,870	10.5	36,683	100
平成21年度末	29,548	80.8	2,968	8.1	4,055	11.1	36,571	100
平成22年度末	29,114	79.9	2,963	8.1	4,373	12.0	36,450	100
平成23年度末	28,803	78.6	2,890	7.9	4,966	13.5	36,659	100
平成24年度末	28,233	77.2	2,924	8.0	5,407	14.8	36,564	100
平成25年度末	27,465	76.2	2,948	8.2	5,629	15.6	36,042	100
平成26年度末	27,041	75.5	2,876	8.0	5,903	16.5	35,820	100
平成27年度末	26,587	74.5	2,882	8.0	6,234	17.5	35,703	100
平成28年度末	26,449	73.9	2,801	7.8	6,546	18.3	35,796	100
平成29年度末	25,282	72.6	2,706	7.8	6,858	19.7	34,846	100

※　「里親等」は、平成21年度から制度化されたファミリーホーム（養育者の家庭で5～6人の児童を養育）を含む。
　　ファミリーホームは、平成29年度末で347か所、委託児童1,434人。多くは里親、里親委託児童からの移行。
（資料）福祉行政報告例（各年度末現在）※ 平成22年度の福島県の数値のみ家庭福祉課調べ

（里親等委託率）

図7-4　里親委託率の推進

出典　図7-1に同じ。p. 23

○過去10年間で、新潟市が25.2％から57.5％へ増加するなど、里親等委託率を大幅に伸ばした県・市も多い。
○これらの自治体では、児童相談所への専任の里親担当職員の設置や、里親支援機関の充実、体験発表会や、市町村と連携した広報、ＮＰＯや市民活動を通じた口コミなど、様々な努力が行われている。

		増加幅 （H19→H29比較）	里親等委託率	
			平成19年度末	平成29年度末
1	新潟市	32.2％増加	25.2％	57.5％
2	さいたま市	31.1％増加	5.7％	36.8％
3	福岡市	28.1％増加	15.6％	43.8％
4	静岡市	25.3％増加	18.8％	44.2％
5	佐賀県	19.8％増加	3.8％	23.7％
6	岡山県	18.0％増加	5.1％ （岡山市分を含む）	23.1％ （岡山市分を含む）
7	千葉市	17.4％増加	12.0％	29.3％
8	岩手県	16.1％増加	11.2％	27.3％
9	長崎県	15.7％増加	2.7％	18.4％
10	大分県	14.8％増加	13.3％	28.0％

※宮城県（26.9％増加：12.8％→39.7％）と仙台市（17.5％増加：11.2％→28.8％）については、増加幅が大きいものの、東日本大震災により親族による里親が増えた影響が含まれるため、除いている。

図7-5　里親等委託率の過去10年間の増加幅の大きい自治体
出典　図7-1に同じ。p.32

(4) 子どもの理解と里親支援

　里親家庭での関係を作っていく中で、人生の中途から関係を築いていくことになるため、信頼関係を作るまでには相当の時間が必要になり、また、多くの困難も生じてくる。家庭で傷つけられた経験や、つらい経験をした子どもたちは、里親にわざと嫌われるような行動や、暴力的な行動をとるなど、里親を試す「試し行動」を繰り返し、里親が疲弊してしまう場合も多い。そこで、里親が地域で孤立しないよう支援を充実させることが不可欠である。児童相談所等の担当者による定期訪問、里親の一時的な休息のために施設や里親への再委託を行う「レスパイトケア」など様々な里親への支援が行われている。

(5) 里親の種類

　里親の種類は、3区分4類型とされており、養育里親（専門里親を含む）、親族里親、養子縁組里親がある（図7-6参照）。

種類	養育里親	専門里親	養子縁組里親	親族里親
対象児童	要保護児童	次に挙げる要保護児童のうち、都道府県知事がその養育に関し特に支援が必要と認めたもの ①児童虐待等の行為により心身に有害な影響を受けた児童 ②非行等の問題を有する児童 ③身体障害、知的障害又は精神障害がある児童	要保護児童	次の要件に該当する要保護児童 ①当該親族里親に扶養義務のある児童 ②児童の両親その他当該児童を現に監護する者が死亡、行方不明、拘禁、入院等の状態となったことにより、これらの者により、養育が期待できないこと
登録里親数	9,592世帯	702世帯	3,781世帯	560世帯
委託里親数	3,326世帯	196世帯	299世帯	543世帯
委託児童数	4,134人	221人	299人	770人

図7-6　里親の種類と対象児童
出典　図7-1に同じ。p.117

○養育里親

　様々な事情により家族と暮らせない子どもを一定期間、自分の家庭で養育する里親のことをいう。次頁の図7-7のとおり、登録の有効期間は5年間で、5年間ごとに更新が必要となる。委託児童は4名までであり、委託児童と実子の数の合計は6人までと規定されている。

○専門里親

　対象児童は、次に挙げる要保護児童のうち、都道府県知事がその養育に関し、特に支援が必要と認めたものであり、児童虐待等の行為により心身に有害な影響を受けた児童、非行等の問題を有する児童、身体障害、知的障害又は精神障害のある児童が対象にあげられる。

　委託児童数は、2名までである。専門里親になるためには、3年以上等の養育里親の経験もしくは3年以上の児童福祉事業経験を経て専門里親研修を受け、専門里親として登録を受ける必要があり、登録後も2年ごとに更新研修を受けなければならないとされている（図7-7参照）。

○親族里親

　親族里親は、要保護児童のうち、両親等が死亡、行方不明などにより養育できない場合に、要保護児童の扶養義務者及びその配偶者である親族が子どもを養育する里親である。

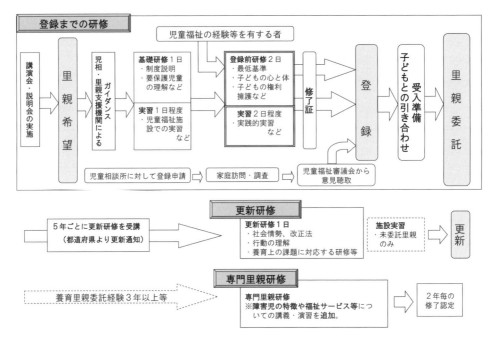

図7-7 養育里親の里親研修と登録の流れ
出典 図7-1に同じ。p. 43

○養子縁組里親

養子縁組里親とは、養子縁組によって子どもの養親となることを希望する里親をいう。養子縁組里親は、将来的に児童との養子縁組を成立させることにより、保護者のない児童や実親による養育が困難な児童に温かい家庭を与え、児童の健全な育成を図る制度である。「児童福祉法」改正により、2017（平成29）年4月から以下の2点が付け加えられた。

①養子縁組里親について、都道府県知事が行う研修を修了し養子縁組によって養親となること等を希望する者のうち養子縁組里親名簿に登録されたこととする。

②都道府県は、養子縁組里親名簿を作成し、養子縁組里親の欠格要件等を設ける。

(6) 里親手当

里親は公的責任による養育であるため、手当等が支給される。2021（令和3）年4月現在、養育里親には、月額1人あたり90,000円、専門里親には1人あたり141,000円が支給されている（図7-8参照）。この里親手当は、親族里親、養子縁組里親には

図7-8　里親に支給される手当等（令和3年度予算）
出典　図7-1に同じ。p.117を一部改変。

支給されないが、一般生活費や教育費等は全里親に支給されている。

(7) 真実告知

　真実告知とは、里親が子どもに「自分の出自や生みの親のこと」そして、「自分が育ての親であること」を伝えることをいう。子どもの心を傷つけてしまうのではないかと躊躇する里親も多いが、子ども自身のアイデンティティを形成していく上で欠かせないことであるため、日々の生活の中で丁寧に伝え、子どもの思いを受け止めることに重点を置くことが大切である。

　また、成長と共に年齢に合ったふさわしい言葉で心身ともに落ち着いたときを捉えながら、一度のみではなく、徐々に伝えていくことが大切であり、「あなたを育てることは心から望んでいること」、「あなたは私たちにとって大切な存在であること」を、子どもに寄り添って伝えていくことが重要である。

2. 小規模住居型児童養育事業（ファミリーホーム）

　小規模住居型児童養育事業（ファミリーホーム）とは、養育者の住居に子どもを迎え入れて家庭養護を行うものである。家庭的な養育環境の下で児童間の相互作用を生かしつつ、児童の自主性を尊重し、基本的な生活習慣を確立すると共に、豊かな人間性及び社会性を養い、子どもの自立を支援することを目的としている。養育者は、①ファミリーホームを行う住居に生活の本拠を置くものでなければならない（それ以外は補助者）。②「養育者2名（配偶者）＋補助者1名」または、「養育者1名＋補助者2名」とし、家庭養護の特質を明確化する。措置費上は、児童6名の場合、常勤1名＋非常勤2名である（図7-9参照）。定員は5～6名である。2018（平成30）年

○ファミリーホームは、平成20年の児童福祉法改正で「小規模住居型児童養育事業」として実施されたが、それ以前から里親型のグループホームとして自治体で行われていた事業を法定化したものであり、里親のうち多人数を養育するものを事業形態とし、相応の措置費を交付できる制度としたものである。

○しかし、実施後3年を経過し、里親から移行したファミリーホームのほかに、新たに開設したファミリーホームの中には、施設分園型グループホームとの相違があいまいな形態も生じ、本来の理念を明確化してほしいとの関係者の意見があることから、「里親及びファミリーホーム養育指針」の策定に合わせ、理念と要件を明確化する。（児童福祉法施行規則と実施要綱を改正）

＜理念の明確化＞

○「里親及びファミリーホーム養育指針」という形で、指針を里親と一体のものとして示す。

○ファミリーホームは、児童を養育者の家庭に迎え入れて養育を行う家庭養護であるという理念を明確化する。

○ファミリーホームは、里親が大きくなったものであり、施設が小さくなったものではないという位置づけ。

＜要件規定等の見直し＞

①小規模住居型児童養育事業を行う住居を「小規模住居型児童養育事業所」と、小規模住居型児童養育事業を行う者を「小規模住居型養育事業者」と称しており、施設的な印象となっている。

②「三人以上の養育者を置かなければならない。ただし、そのうち一人を除き、補助者をもってこれに代えることができる」としており、3人の養育者の場合があるなど、家庭養護の特質が明確でない。

③「一人以上の生活の本拠を置く専任の養育者を置く」としており、生活の本拠を置かない養育者も認められており、家庭養護の特質が明確でない。

④「入居定員」「入居させる」など、施設的な印象となっている。

⑤養育者の要件として、養育里親の経験者のほか、児童福祉事業に従事した経験が有る者等となっており、要件が緩い。

①小規模住居型児童養育事業を行う住居を「ファミリーホーム」と、小規模住居型児童養育事業を行う者を「ファミリーホーム事業者」と称する。

②「夫婦である2名の養育者＋補助者1名以上」又は「養育者1名＋補助者2名以上」とし、家庭養護の特質を明確化する。

③「養育者は、ファミリーホームに生活の本拠を置く者でなければならない」とし、家庭養護の特質を明確化する。

④「委託児童の定員」などの用語に改める。

⑤養育者の要件は、養育里親の経験者のほか、乳児院、児童養護施設等での養育の経験が有る者等に改める。

図7-9　ファミリーホームの要件の明確化について

出典　厚生労働省HP「I. 児童養護施設・乳児院・里親の現状」p.1
https://www.mhlw.go.jp/bunya/kodomo/syakaiteki_yougo/dl/yougo_genjou_13.pdf

3月末現在、ホーム数は347カ所であり、委託児童数は1,434人となっている。要件等の見直しにより、「小規模住居型児童養育事業」を行う住居を「ファミリーホーム」と称し、養育者の要件が養育里親の経験のほか、乳児院や児童養護施設などでの養育の経験がある者などに改められた。将来的には、1,000カ所程度まで増やすことが目標とされており、今後さらなる拡充が求められている（図7-10参照）。

3. 養子縁組制度

養子縁組制度は、実の親子ではない者が法律的に親子となるための手続きのことをいい、「民法」により規定されている。未成年者を養子とする場合は、家庭裁判所の許可が必要である。

ただし、自己または配偶者の直系卑属（子や孫等）を養子とする場合は、家庭裁判所の許可は必要ないとされている（養子又は養親となる人が外国人の場合は、家庭

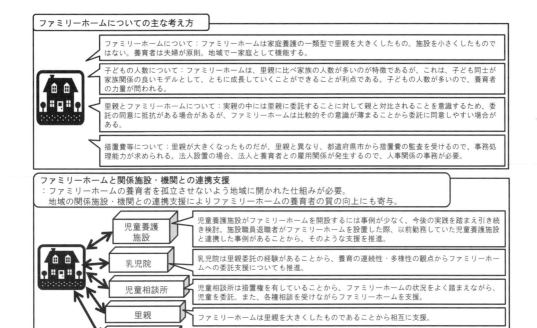

図7-10　ファミリーホームついての主な考え方
出典　図7-1に同じ。p.41

裁判所の許可が必要となることがある）。

　また、養親となる人に配偶者がいる場合は、原則として、夫婦が共に養親となる縁組をすることが必要となり、養子となる人が被後見人（未成年被後見人及び成年被後見人）であって、養親となる人がその後見人である場合には、上記とは別に、家庭裁判所の許可が必要である。2017（平成29）年の「児童福祉法」改正により、養子縁組に関する相談・支援が児童相談所において確実に行われるよう、児童相談所の業務として法律上明確に規定することとし、養子縁組を希望する者について、その相談に応じ、援助を行うことを都道府県（児童相談所）の業務として位置付けることとなった。

　養子縁組には、普通養子縁組と特別養子縁組の2種類があり、次にその概要を述べる（図7-11参照）。

(1) 普通養子縁組

　「普通養子縁組」とは、養子縁組の合意、及び役所に養子縁組の届出をすることによって成立するものである（ただし、未成年の者を養子とする場合には基本的に裁判所の許可が必要となる）。普通養子縁組には、養子の実親との親子関係は存続しており、養子には実親と養親という少なくとも2組の親がいるという特徴をもっている。養子の親権を行使するのは養親である。

(2) 特別養子縁組

　普通養子縁組とは違い、縁組の成立によって実親（生みの親）との関係が原則として終了することが大きな特徴となっているものが「特別養子縁組」である。

　2019（令和元）年6月の「民法」改正により、現在、「原則6歳未満」となっていた対象年齢を、「原則15歳未満」に引き上げ、小中学生の救済も可能にしたほか、15歳から17歳までの子どもは本人の同意などを条件に例外的に養子として認めるとした。

　同時に、家庭裁判所の審判で縁組が成立するまで、実親がいつでも縁組の同意を撤回できる手続きを見直し、審判を2段階に分け、第2段階では実親に関与させないようにすることで、養親候補者が同意撤回の不安を抱えることを防ぐ目的も持つ。成立件数は、2013（平成25）年474件、2014（平成26）年513件、2017（平成29）年616件、と増加傾向にある（司法統計年報による）。

　2016（平成28）年の「児童福祉法」の改正により、「民間あっせん機関による養子縁組のあっせんに係る児童の保護等に関する法律」が成立した。「特別養子縁組」を行う場合は主に、民間団体を経由する場合と、公的機関である児童相談所を経由する方法がある。民間団体（養子縁組あっせん事業者）は19カ所あり（2019（平成31）年3月20日現在、家庭福祉課調べ）、特別養子縁組制度の普及と啓発をすすめている。

> ○　普通養子縁組は、戸籍上において養親とともに実親が並記され、実親と法律上の関係が残る縁組形式。
>
> ○　特別養子縁組は、昭和48年に望まない妊娠により生まれた子を養親に実子としてあっせんしたことを自ら告白した菊田医師事件等を契機に、子の福祉を積極的に確保する観点から、戸籍の記載が実親子とほぼ同様の縁組形式をとるものとして、昭和62年に成立した縁組形式。

普通養子縁組	特別養子縁組
＜縁組の成立＞ 養親と養子の同意により成立	**＜縁組の成立＞** 養親の請求に対し家裁の決定により成立 実父母の同意が必要（ただし、実父母が意思を表示 できない場合や実父母による虐待など養子となる者の 利益を著しく害する理由がある場合は、この限りでない）
＜要件＞ 養親：成年に達した者 養子：尊属又は養親より年長でない者	**＜要件＞** 養親：原則25歳以上（夫婦の一方が25歳以上であれば、 　　　一方は20歳以上で可） 　　　配偶者がある者（夫婦双方とも養親） 養子：原則、15歳に達していない者 　　　子の利益のために特に必要があるときに成立
＜実父母との親族関係＞ 実父母との親族関係は終了しない	**＜実父母との親族関係＞** 実父母との親族関係が終了する
＜監護期間＞ 特段の設定はない	**＜監護期間＞** 6月以上の監護期間を考慮して縁組
＜離縁＞ 原則、養親及び養子の同意により離縁	**＜離縁＞** 養子の利益のため特に必要があるときに養子、実親、 検察官の請求により離縁
＜戸籍の表記＞ 実親の名前が記載され、養子の続柄は「養子（養女）」 と記載	**＜戸籍の表記＞** 実親の名前が記載されず、養子の続柄は「長男（長女）」 等と記載

図7-11　普通養子縁組と特別養子縁組について

出典　図7-1に同じ。p.100を一部改変。

参考文献

宮島清他編（2017）『子どものための里親委託・養子縁組の支援』明石書店

厚生労働省「児童相談所運営指針」「里親委託ガイドライン」

坂本正路他（2017）『児童の福祉を支える社会的養護（第3版）』萌文書林

髙橋一弘他（2017）『児童の福祉を支える〈演習〉社会的養護内容（第3版）』萌文書林

北川清一他編（2018）『シリーズ社会福祉の視座③子ども家庭福祉への招待』ミネルヴァ書房

厚生労働省「小規模住居型児童養育事業の運営についての一部改正について（通知）」

厚生労働省HP「社会的養育の推進に向けて（平成31年4月）」
　　https://www.mhlw.go.jp/content/000503210.pdf〈2019年7月24日〉

第**8**章　社会的養護の体系
― 施設養護

　社会的養護において「家庭養護」と並び大きな役割を果たしているのが「施設養護」である。「施設養護」は、施設に入所し生活をする「入所型」、契約等に基づき1日のうち一定時間利用する「通所型」、特別な契約等がなく自由に利用可能な「利用型」の3種類に分けられている。本章では、各種施設の概要を説明していく。

1. 養護系施設

(1) 乳児院

　「児童福祉法」第37条で、「乳児院は、乳児（保健上、安定した生活環境の確保その他の理由により特に必要のある場合には、幼児を含む）を入院させて、これを養育し、あわせて退院した者について相談その他の援助を行うことを目的とする施設とする」としている。また、第48条の2の規定に基づき、地域の住民に対して、児童の養育に関する相談に応じ、助言を行うよう努める役割も持つ。

　対象者は、原則として乳児であるが、2004（平成16）年の「児童福祉法」改正により、必要な場合は小学校入学前までの幼児まで措置が可能となった。

　施設数は、2018（平成30）年3月末現在、140カ所となっており、近年増加の傾向にある（厚生労働省家庭福祉課調べ）。ここ10年間の入所児童数を推移で見ると、2007（平成19）年10月1日現在での3,190人から、2017（平成29）年10月1日現在での2,871人と約1割減少している（社会福祉施設等調査、平成21年度以降は家庭福祉課調べ）。主な入所理由は、近年、母親の虐待や母親の精神疾患等によるものが増加傾向にあり、「虐待（虐待・酷使、放任・怠惰、棄児、養育拒否を含む）」「母親の精神疾患等」「両親の未婚」などがあげられる。短期の利用は、子育て支援の役割であり、長期の在所では乳幼児の養育、保護者支援、退所後のアフターケアを含む親子

関係再構築支援の役割があげられる。

(2) 児童養護施設

「児童福祉法」第41条で、「児童養護施設は、保護者のない児童（乳児を除く。ただし、安定した生活環境の確保その他の理由により特に必要のある場合には、乳児を含む。以下この条において同じ）、虐待されている児童その他環境上養護を要する児童を入所させて、これを養護し、あわせて退所した者に対する相談その他の自立のための援助を行うことを目的とする施設とする」と定められている。

また、「児童福祉法」第48条の2の規定に基づき、地域の住民に対して、児童の養育に関する相談に応じ、助言を行うよう努めている。児童養護施設における養護は、児童に対して安定した生活環境を整えるとともに、生活指導、学習指導、職業指導及び家庭環境の調整を行いつつ児童を養育することにより、児童の心身の健やかな成長とその「自立」を支援することを目的としている。

施設数は2018（平成30）年3月末現在で605カ所となっており、近年増加の傾向にある（厚生労働省家庭福祉課調べ）。

主な入所理由は、「父母の虐待・酷使」「父母の放任・怠惰」「父母の精神疾患等」「父母の就労」「父母の行方不明」「父母の入院」などがあげられている。また、被虐待経験のある児童が全体の59.5％に達しており、被虐待児と同じく、知的障害、広汎性発達障害、ADHD（注意欠陥多動性障害）、その他の心身障害などの障害のある子どもの入所が28.5％と増加しており、専門的ケアの必要性が増している。入所児童の平均在籍期間は4.9年となっている。

(3) 児童心理治療施設

「児童心理治療施設」は2017（平成29）年4月1日の改正「児童福祉法」の施行により、「情緒障害児短期治療施設」から改称された施設である。

「児童福祉法」第43条の2で、「児童心理治療施設は、家庭環境、学校における交友関係その他の環境上の理由により社会生活への適応が困難となった児童を、短期間入所させ、又は保護者の下から通わせて、社会生活に適応するために必要な心理に関する治療及び生活指導を主として行い、あわせて退所した者について相談その他の援助を行うことを目的とする施設とする」とされている。また、「児童福祉法」

第48条の2の規定に基づき、地域の住民に対して、児童の養育に関する相談に応じ、助言を行うよう努める役割も持っている。

　施設数は、2018（平成30）年3月末現在、46カ所となっており、近年増加の傾向にある（厚生労働省家庭福祉課調べ）。

　比較的短期間（平均入所期間は概ね2.1年）で治療し、家庭復帰や里親・児童養護施設での養育につなぐ役割を持っている。また、通所部門を持ち、在宅通所での心理的治療等の機能を持つ施設もある。

　職員は、学習活動や行事、遊びなどの中で子どもの心に寄り添った支援を行っており、日々の生活の中で、社会性や主体性、協調性を引き出すことに努めている。

(4) 児童自立支援施設

　「児童福祉法」第44条で、児童自立支援施設は、「不良行為をなし、又はなすおそれのある児童及び家庭環境その他の環境上の理由により生活指導等を要する児童を入所させ、又は保護者の下から通わせて、個々の児童の状況に応じて必要な指導を行い、その自立を支援し、あわせて退所した者について相談その他の援助を行うことを目的とする施設とする」と規定されている。また、「児童福祉法」第48条の2の規定に基づき、地域の住民に対して、児童の養育に関する相談に応じ、助言を行うよう努める役割も持つ。

　本施設の対象者は、不良行為をなし、又はなすおそれのある児童及び家庭環境その他の環境上の理由により生活指導等を要する児童であるが、①虐待など不適切な養育を行った家庭や多くの問題を抱える養育環境で育った子ども、②乳幼児期の発達課題である基本的信頼関係の形成ができていない子ども、③トラウマを抱えている子ども、④知的障害やADHD、広汎性発達障害などの発達障害のある子ども、⑤躁うつ・不安といった問題を抱えている子ども、なども少なくない。

　施設数は、2017（平成29）年10月1日現在、58カ所となっている（厚生労働省家庭福祉課調べ）。1997（平成9）年の「児童福祉法」改正により、「教護院」から「児童自立支援施設」と名称を変更した。「児童福祉法」では都道府県等に児童自立支援施設の設置義務が課せられており、大多数が公立施設となっている。

(5) 母子生活支援施設

　「児童福祉法」第38条で、母子生活支援施設は、「配偶者のない女子又はこれに準ずる事情にある女子及びその者の監護すべき児童を入所させて、これらの者を保護するとともに、これらの者の自立の促進のためにその生活を支援し、あわせて退所した者について相談その他の援助を行うことを目的とする施設とする」と定められている。また、「児童福祉法」第48条の2の規定に基づき、地域の住民に対して、児童の養育に関する相談に応じ、助言を行うよう努めている。1998（平成10）年の「児童福祉法」改正により、「母子寮」から「母子生活支援施設」に改称された。

　施設数は、2018（平成30）年3月末現在、227カ所となっており、近年少しずつ減少している（厚生労働省家庭福祉課調べ）。

　他の児童福祉施設と違い、子どもと母親がともに入所し、職員の支援を受けながら世帯ごとに個々独立して生活し、自立に向けて努力していく点が本施設の特徴である。

　入所理由は、「夫等からの暴力」が最も多く、「住宅事情による」「経済的理由による」等がある（平成29年度入所世帯、厚生労働省家庭福祉課調べ）。近年はドメスティック・バイオレンス（以下、DV）の被害にあった母子が緊急避難するシェルターとして、またその後の生活の安定を図る支援を受ける施設としても注目されている。児童養護施設等の措置施設とは異なり、福祉事務所に利用の申請をし、契約することでサービスが開始される。

(6) 児童自立生活援助事業 (自立援助ホーム)

　児童自立生活援助事業（自立援助ホーム）は、「児童の自立を図る観点から、義務教育を終了した20歳未満の児童であって、児童養護施設、児童自立支援施設等を退所し、就職する児童等に対し、これらの者が共同生活を営むべき住居において、相談その他の日常生活上の援助及び生活指導並びに就業の支援（援助の実施）を行い、あわせて援助の実施を解除された者への相談その他の援助を行うことにより、社会的自立の促進に寄与すること」を目的としており、「児童福祉法」第6条の3に基づき、児童自立生活援助事業として位置づけられている。

　対象者は、児童の自立を図る観点から義務教育終了後、児童養護施設、児童自立

支援施設等を退所し、就職や就学する児童、また、里親やファミリーホームへの措置委託を解除された児童、あるいは都道府県知事が自立のための援助及び生活指導等が必要と認めた児童である。自立援助ホームで生活している者のうち、就学している者については、就労している者とは異なり、一定程度の収入を得ることが難しく、20歳到達時に退所させると学業の継続に悪影響を及ぼすと懸念されていたが、「児童福祉法」改正により、2017（平成29）年4月から、義務教育を終了した「20歳未満」だった入所条件が、大学等就学中の者を対象に「22歳の年度末」まで拡大された。

　施設数は2012（平成24）年度は、99カ所であったが、2017（平成29）年10月1日現在では154カ所に増加している。

2. 障害系施設

(1) 障害児支援の体系

　障害児支援の強化を図るため、2012（平成24）年、「児童福祉法」が改正され障害児施設・事業の一元化がなされた。従来、障害種別で分かれていた体系（給付）について、通所・入所の利用形態別によりそれぞれ「障害児通所支援」「障害児入所支援」とされ、通所サービスの実施主体を都道府県から市区町村へ移行した。

　放課後等デイサービスや保育所等訪問支援事業のほかに、重度の障害等により外出が著しく困難な障害児の居宅を訪問し発達支援を行う、居宅訪問型児童発達支援が2018（平成30）年から新たに加わり、さらに支援の幅が広がった（図8-1参照）。

　指定障害児通所支援事業や指定障害児入所施設には、医師・看護師・理学療法士（PT）・作業療法士（OT）・言語聴覚士（ST）・心理士・ケースワーカー・保育士・児童指導員・栄養士等のスタッフが従事しており、子どもの状態を専門職が評価し、助言や指導を行っている。

(2) 障害児入所支援

　障害児入所支援は、各種障害のある児童を対象とした入所型の施設であり、「福祉型障害児入所施設」と、医療を併せて提供する「医療型障害児入所施設」の2類型

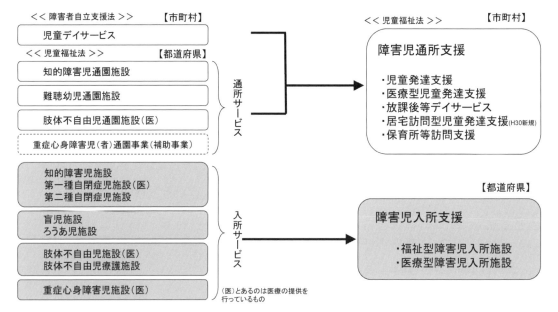

図8-1　障害児施策の概要

出典　厚生労働省HP「障害者自立支援法等の一部を改正する法律案の概要」p.1
一部改変。https://www.mhlw.go.jp/content/12200000/000360879.pdf

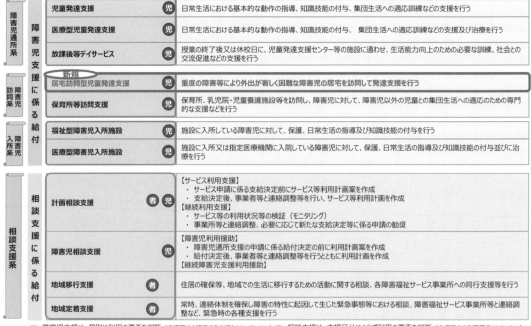

図8-2　障害福祉サービス等の体系

出典　図8-1に同じ。P.2

1. 対象者

・　身体に障害のある児童、知的障害のある児童又は精神に障害のある児童（発達障害児を含む）
＊手帳の有無は問わず、児童相談所、医師等により療育の必要性が認められた児童も対象
＊3障害対応を原則とするが、障害の特性に応じた支援の提供も可能（ただし、医療型の対象は、知的障害児、肢体不自由児、重症心身障害児）

2. 様々な障害や重複障害等に対応

・　「障害児入所施設」として一元化される前の障害種別の施設と同等の支援を確保するとともに、主たる対象とする障害児以外の障害児を受け入れた場合に、その障害に応じた適切な支援を提供。

・　18歳以上の障害児施設入所者は、障害者施策（障害者総合支援法の障害福祉サービス）で対応することを踏まえ、自立（地域生活への移行等）を目指した支援を提供。

3. 18歳以上の障害児施設入所者への対応

・　障害者総合支援法の障害福祉サービスにより年齢に応じた適切な支援を提供。

＊引き続き、入所支援を受けなければその福祉を損なうおそれがあると認めるときは、満20歳に達するまで利用することが可能。

図8-3　障害児入所支援の概要
出典　図8-1に同じ。一部改変。P. 7

である（図8–2、8–3参照）。

(3) 障害児通所支援

　障害児通所支援とは、児童発達支援、医療型児童発達支援、放課後等デイサービス、居宅訪問型児童発達支援（平成30年新設、図8-1、8-2参照）、保育所等訪問支援を指す。実施主体は市町村である。次に、各サービスの概要を説明していく。

1) 児童発達支援

　日常生活における基本的な動作の指導、知識技能の付与、及び集団生活への適応訓練などの支援を提供することを目的とした事業である。身近な地域の障害児支援の専門施設（事業）として、通所利用の障害児への支援だけでなく、地域の障害児・その家族を対象とした支援や、保育所等の施設へ通う障害児に対し施設を訪問して支援するなど、地域支援に対応するものである（図8–4参照）。

2) 医療型児童発達支援

　日常生活における基本的な動作の指導、知識技能の付与、集団生活への適応訓練などの支援及び治療を行っている。また、医療型児童発達支援の対象の児童は、上

85

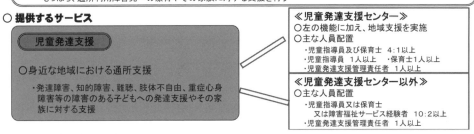

○ **対象児童**

集団療育及び個別療育を行う必要があると認められる主に未就学の障害児

※通所給付決定を行うに際し、医学的診断名又は障害者手帳を有することは必須要件ではなく、療育を受けなければ福祉を損なうおそれのある児童を含む（発達支援の必要については、市町村保健センター、児童相談所、保健所等の意見で可）。

○ **事業の概要**

≪事業の担い手≫
①児童発達支援センター（児童福祉法第43条）
通所利用障害児への療育やその家族に対する支援を行うとともに、その有する専門機能を活かし、地域の障害児やその家族の相談支援、障害児を預かる施設への援助・助言を行う（地域の中核的な支援施設）
②それ以外の事業所
もっぱら、通所利用障害児への療育やその家族に対する支援を行う

○ **提供するサービス**

児童発達支援

○身近な地域における通所支援
・発達障害、知的障害、難聴、肢体不自由、重症心身障害等の障害のある子どもへの発達支援やその家族に対する支援

≪児童発達支援センター≫
○左の機能に加え、地域支援を実施
○主な人員配置
・児童指導員及び保育士　4：1以上
・児童指導員　1人以上　・保育士1人以上
・児童発達支援管理責任者　1人以上

≪児童発達支援センター以外≫
○主な人員配置
・児童指導員又は保育士
又は障害福祉サービス経験者　10：2以上
・児童発達支援管理責任者　1人以上

図8-4　児童発達支援の概要
出典　図8-1に同じ。一部改変。P.7

肢、下肢または体幹に機能障害があり、理学療法等の機能訓練や医療的管理下での支援等が必要と認められたものである。

3) 放課後等デイサービス

　学校通学中の障害児に対して、授業の終了後または休校日等の長期休暇中において、生活能力向上のための必要訓練、社会との交流促進等の支援を行っている。利用定員は10人以上である。

　対象児童は、「学校教育法」に規定する学校（幼稚園、大学を除く）に就学している障害児であり、引き続き、放課後等デイサービスを受けなければその福祉を損なうおそれがあると認めるときは満20歳に達するまで利用することが可能である（図8-5参照）。

4) 居宅訪問型児童発達支援

　重度の障害等により外出が著しく困難な障害児の居宅を訪問して発達支援を行う（図8-6参照）。

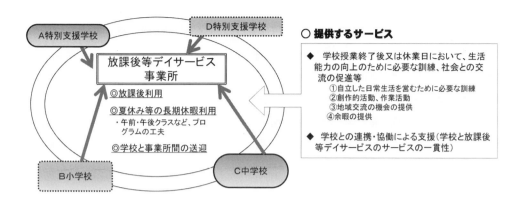

図8-5　放課後等デイサービスの概要
出典　図8-1に同じ。一部改変。P. 4

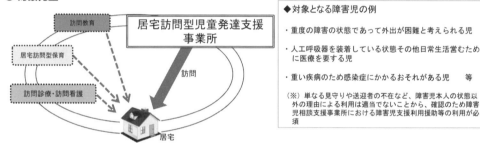

図8-6　居宅訪問型児童発達支援（平成30年新設）の概要
出典　図8-1に同じ。一部改変。P. 5

5) 保育所等訪問支援

　保育所等を現在利用中の障害児（または今後利用する予定の障害児）が、保育所等における集団生活の適応のための専門的な支援を必要とする場合に、訪問支援を実施することにより、保育所等の安定した利用を促進するものである。対象児童は、保育所や児童が集団生活を営む施設に通う障害児である（図8-7参照）。

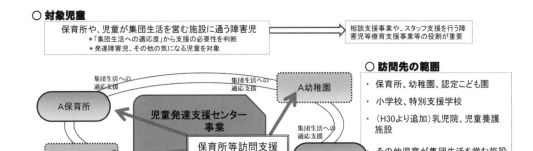

図8-7　保育所等訪問支援の概要

出典　図8-1に同じ。一部改変。P.6

参考文献

坂本正路他（2017）『児童の福祉を支える社会的養護（第3版）』萌文書林

髙橋一弘他（2017）『児童の福祉を支える〈演習〉社会的養護内容（第3版）』萌文書林

尾野明美（2017）『保育者のための障害児保育　理解と実践（第2版）』萌文書林

尾野明美他（2019）『特別支援教育・保育概論　特別な配慮を要する子どもの理解と支援』萌文書林

北川清一他編（2018）『シリーズ社会福祉の視座③子ども家庭福祉への招待』ミネルヴァ書房

厚生労働省HP「社会的養育の推進に向けて（平成31年4月）」

　https://www.mhlw.go.jp/content/000503210.pdf〈2019年7月24日〉

厚生労働省HP「障害児支援施策」

　https://www.mhlw.go.jp/content/12200000/000360879.pdf〈2019年9月1日〉

[コラム] 生活保護世帯と児童養護施設の自立

木塚勝豊

　わたしは、児童養護施設での33年間の仕事において、家庭復帰を除く自立、つまり施設から巣立った子どもたちについて考えることがある。わたしの奉職した児童養護施設は乳児院を併設しており、０歳から何かしらの関わりがある。乳児院から措置された子どもと、とりわけ中・高生からの途中入所の子どもには、その巣立ちに大きな違いがあることも少なくない。100人を超える子ども達の児童養護施設からの巣立ちを見守ってきたわたしの経験値から一事例を紹介する。以下の文章は、2012（平成24）年６月に京都市の市民新聞に掲載された文章を一部加筆修正したものである。

　児童養護施設とは、何かしらの理由で親と暮らせない子どもたちが入所し生活する所です。ある女の子が２歳の時に乳児院から児童養護施設へやってきました。彼女は父親の分からない非嫡出子として出生し、母親は社会生活を営むことが困難だったことから、婦人保護施設で暮らしていました。彼女が高校２年生になった頃、私は彼女から思わぬ一言を聞かされました。交際中の男性との間に子どもができたので、中絶費用の10万円を貸してほしいという内容でした。中絶手術を受け、ビンに入った子どもの亡きがらを持ち帰った彼女に私は、「今日一日、子どもを抱いて寝てあげなさい。あなたは、この子の母親なのだから」と伝えました。そして翌日、彼女と共に火葬場に行きました。火葬場での手続きを終えると、係の方に骨は残らないと伝えられ、やり場のない悲しみを感じた私は、煙突から立ち上る煙を見つめていましたが、制服姿の彼女は「早く帰ろう」と、あっけらかんと私に言い放ちました。自らの命は続き、身ごもった命が天に昇ることに、さほど関心があるようには見えませんでした。彼女のその後の高校生活は荒れに荒れ、無断外泊する日も増えていき、高校３年生の１年間は、施設の職員が車で１時間以上かかる学校へ送迎し、「何とか卒業するという状況でした。時が経ち、彼女は結婚し一児の母となりました。今では我が子の成長を見せに定期的に施設へやってきます。その子どもが２歳を過ぎた頃、ふいに私は彼女に２人目はまだかと聞きました。すると彼女は真剣な顔をしてこう言いました。「先生、２人目と違う。３人目だよ」と。一児の母

となった彼女が、命と向き合ったからこそ出てきた言葉だと思います。長らく彼女に抱いていた私のモヤモヤとした感情が一挙に晴れた瞬間でした。施設で生活していた時の彼女への支援は困難を極め、時には私たち職員の思いが本人に届くことはないのかと戸惑いを隠せない時期もありましたが、時を経て成長した彼女の発言に救われた思いがしました。全ての人が親から命をもらい、次の世代にその命をつなぐ作業を続けます。彼女にとっての私は、「親ではない親」だそうです。戻ることのない命だけれど、彼女に大切な命について教えてくれた最初の子どもに「ありがとう」と感謝の気持ちでいっぱいですと書いた。

しかし、その後の彼女の人生が壮絶すぎた。市民新聞への寄稿後、約2年の年月が過ぎたある日、わたしの携帯電話が鳴った。「わたし、もうアカン」と。3日間、連絡のないまま時が過ぎた。落ち着きを取り戻した彼女の話は、過日の電話した状況からの説明でした。旦那（中絶させた彼）から市営住宅の駐車場で暴行を受け、あばら骨を骨折したが、近隣の通告もありパトカーが到着する頃には旦那は逃走したので、自分も娘を保育所に預けたまま旦那の元から逃走した。何度か話し合いの場を持とうとするが、恐怖心から尻込みしてしまう。それからの約10年という時間は彼女にとって、地獄のような日々だったようだ。精神的に参ってしまい酒と睡眠薬の毎日だったようである。1年に数回、深夜に彼女からの連絡があった。大声で娘の名前を叫んでは泣くの繰り返し。わたしは、彼女が電話を切るまで延々と聞き続ける。そして翌日、必ずケロッとした感じで電話が来る。「深夜の長電話ごめんな」と彼女。数年前からようやく仕事も始めたようである。娘への自責の念と、元旦那への恐怖心が錯綜している。しかし、彼女のドラマはまだ終わらない。娘が中学3年生の春、元旦那が服役することになり、彼（旦那）からわたしのところへ連絡が来た。娘の面倒を彼女に頼んでもらえないだろうかと。わたしと彼女と娘は3度の面会をした。しかし、10年という溝はそう簡単には埋まらなかった。彼女にも彼が出来ており、彼は同居に反対、娘は父親から吹き込まれた母親像を恨み、決して交わることのないことをお互いに悟った。わたしにとっての彼女の自立支援は今後も続くようだ。30代半ばにさしかかった彼女が、娘との折り合いを付けたと言いがたい面会に、更なる生きにくさと自責の念は増幅したように感じる。わたしと彼女の30年以上の関わりは今後も続くことを覚悟している。そんな思いの中、2017（平成29）年8月2日に厚生労働省から「新しい社会的養育ビジョン」が提出された。詳細の言及は避けるが、社会的養護を必要とする子ど

もの支援の永続的解決（パーマネンシー保障）について書かれている所がある。彼女は大人ではあるが、今後も支援の永続性（パーマネンシーケア）を持ち続けて見守りたいと思っている。多くの自立年齢の子どもにとって「たった一人で良い、絶対に居続けてくれる大人の存在」が最も必要な要素であると確信しながらの生き様になりそうな気がしている。

第9章　社会的養護の専門職

1. 社会的養護の専門職のあり方

　2016（平成28）年7月に厚生労働省が作成した「社会的養護の現状について」と題する資料によれば、施設の人員配置については、被虐待児の増加などを踏まえ、これまで、加算職員の配置の充実に努めており、2012（平成24）年度には、基本的人員配置の引上げ等を行い、2015（平成27）年度予算においては、児童養護施設等の職員配置の改善（5.5：1→4：1等）に必要な経費を計上したところである、とされている。

　児童福祉施設に入所している者の保護に従事する職員は、健全な心身を有し、豊かな人間性と倫理観を備え、児童福祉事業に熱意のある者であって、できる限り児童福祉事業の理論及び実際について訓練を受けた者でなければならない（「児童福祉施設の設備及び運営に関する基準」第7条）。また、児童福祉施設の職員は、常に自己研鑽に励み、法に定めるそれぞれの施設の目的を達成するために必要な知識及び技能の修得、維持及び向上に努めなければならない（基準第7条の2第1項）。

　「児童養護施設運営指針」は「職員の質の向上に向けた体制の確立」として、次のことを求めている。①組織として職員の教育・研修に関する基本姿勢を明示する、②職員一人一人について、基本姿勢に沿った教育・研修計画を策定し、計画に基づいた具体的な取組を行う、③定期的に個別の教育・研修計画の評価・見直しを行い、次の研修計画に反映させる、④スーパービジョンの体制を確立し、施設全体として職員一人一人の援助技術の向上に努める、である。①としては、施設が目指す養育・支援を実現するため、基本方針や中・長期計画の中に、施設が職員に求める基本的姿勢や意識、専門性や専門資格を明示することとしている。②としては、ⅰ）職員一人一人について、援助技術の水準、知識の質や量、専門資格の必要性などを把握する、ⅱ）施設内外の研修を体系的、計画的に実施するなど、職員の自己研鑽に必

要な環境を確保する、ⅲ）職員一人一人が課題を持って主体的に学ぶとともに、他の職員や関係機関など、様々な人とのかかわりの中で共に学び合う環境を醸成することを挙げている。③としては、ⅰ）研修を終了した職員は、報告レポートの作成や研修内容を報告会などで発表し、共有化する、ⅱ）研修成果を評価し、次の研修計画に反映させることを挙げている。④としては、ⅰ）施設長、基幹的職員などにいつでも相談できる体制を確立する、ⅱ）職員がひとりで問題を抱え込まないように、組織として対応する、ⅲ）職員相互が評価し、助言し合うことを通じて、職員一人一人が支援技術を向上させ、施設全体の養育・支援の質を向上させる、ことを掲げている。

2. 各施設に置かなければならない職員

「児童福祉施設の設備及び運営に関する基準」によれば次の職員を置かなければならない。

乳児院（乳幼児10人未満を入所させる乳児院を除く）には、小児科の診療に相当の経験を有する医師又は嘱託医、看護師、個別対応職員、家庭支援専門相談員、栄養士及び調理員を置かなければならない（第21条第1項）。ただし、調理業務の全部を委託する施設にあっては調理員を置かないことができる。

母子生活支援施設には、母子支援員（母子生活支援施設において母子の生活支援を行う者）、嘱託医、少年を指導する職員及び調理員又はこれに代わるべき者を置かなければならない（基準第27条第1項）。心理療法を行う必要があると認められる母子10人以上に心理療法を行う場合には、心理療法担当職員を置かなければならない（同条第2項）。

児童養護施設には、児童指導員、嘱託医、保育士、個別対応職員、家庭支援専門相談員、栄養士、調理員を置かなければならない。乳児が入所している施設では看護師を置かなければならない（基準第42条第1項）。ただし、児童40人以下を入所させる施設にあっては栄養士を、調理業務の全部を委託する施設にあっては調理員を置かないことができる。心理療法を行う必要があると認められる児童10人以上に心理療法を行う場合には、心理療法担当職員を置かなければならない（同条第3項）。実習設備を設けて職業指導を行う場合には、職業指導員を置かなければならない

(同条第5項)。

　児童自立支援施設には、児童自立支援専門員、児童生活支援員、嘱託医及び精神科の診療に相当の経験を有する医師又は嘱託医、個別対応職員、家庭支援専門相談員、栄養士並びに調理員を置かなければならない (基準第80条第1項)。ただし、児童40人以下を入所させる施設にあっては栄養士を、調理業務の全部を委託する施設にあっては調理員を置かないことができる。心理療法を行う必要があると認められる児童10人以上に心理療法を行う場合には、心理療法担当職員を置かなければならない (同条第3項)。実習設備を設けて職業指導を行う場合には、職業指導員を置かなければならない (同条第5項)。

3. 専門職の名称と職務

(1) 保育士

　「児童福祉法」第18条の4によれば、保育士とは、同法第18条の18第1項の登録を受け、保育士の名称を用いて、専門的知識及び技術をもつて、児童の保育及び児童の保護者に対する保育に関する指導を行うことを業とする者、とされている。同法第18条の6によれば、指定保育士養成施設 (都道府県知事の指定する保育士を養成する学校その他の施設) を卒業した者 (第1号)、保育士試験に合格した者 (第2号) のいずれかに該当する者は、保育士となる資格を有する。保育士となる資格を有する者が保育士となるには、保育士登録簿に、氏名、生年月日その他厚生労働省令で定める事項の登録を受けなければならない (法第18条の18第1項)。都道府県知事は、保育士の登録をしたときは、申請者に保育士登録証を交付する (同条第3項)。保育士登録簿は都道府県に備えられる (同条第2項)。

1) 専門性と責務

　2018 (平成30) 年4月施行の「保育所保育指針」の厚生労働省による解説書『保育所保育指針解説書』p.17では保育士の専門的な知識・技術のうち主要なものとして次の6点を掲げている。すなわち、①これからの社会に求められる資質を踏まえながら、乳幼児期の子どもの発達に関する専門的知識を基に子どもの育ちを見通し、

一人一人の子どもの発達を援助する知識及び技術、②子どもの発達過程や意欲を踏まえ、子ども自らが生活していく力を細やかに助ける生活援助の知識及び技術、③保育所内外の空間や様々な設備、遊具、素材等の物的環境、自然環境や人的環境を生かし、保育の環境を構成していく知識及び技術、④子どもの経験や興味や関心に応じて、様々な遊びを豊かに展開していくための知識及び技術、⑤子ども同士の関わりや子どもと保護者の関わりなどを見守り、その気持ちに寄り添いながら適宜必要な援助をしていく関係構築の知識及び技術、⑥保護者等への相談、助言に関する知識及び技術、である。

2）倫理

　保育士の倫理を謳ったものに「全国保育士会倫理綱領」がある。この中で、保育士は「子どもが現在（いま）を幸せに生活し、未来（あす）を生きる力を育てる保育の仕事に誇りと責任をもって、自らの人間性と専門性の向上に努め、一人ひとりの子どもを心から尊重し、次のことを行います」とした上で、「子どもの育ちを支えます」「保護者の子育てを支えます」「子どもと子育てにやさしい社会をつくります」という3点を挙げている。そして、子どもの最善の利益の尊重、子どもの発達保障、保護者との協力、プライバシーの保護、チームワークと自己評価、利用者の代弁、地域の子育て支援、専門職としての責務の8項目を規定している。保育士はこれら責務を踏まえて保育実践にあたらなければならない。

(2) 児童指導員

　「児童福祉施設の設備および運営に関する基準」第21条第6項は、児童指導員を「児童の生活指導を行う者」と規定している。児童養護施設では保育士とともに入所児童への直接援助にあたっている。児童指導員は、児童相談所等の関係機関との連絡調整業務にあたっている場合が多い。

　同基準第43条第1項は、「児童指導員は、次の各号のいずれかに該当する者でなければならない」と定める。すなわち、都道府県知事の指定する児童福祉施設の職員を養成する学校その他の養成施設を卒業した者（第1号）、社会福祉士の資格を有する者（第2号）、精神保健福祉士の資格を有する者（第3号）、「学校教育法」の規定による大学の学部で、社会福祉学、心理学、教育学若しくは社会学を専修する学科又

はこれらに相当する課程を修めて卒業した者（第4号）などである（第5号から第10号は略）。

(3) 母子支援員

　母子支援員は、母子生活支援施設において母子の生活支援を行う者である（「児童福祉施設の設備及び運営に関する基準」第27条第1項）。母親に対する就労支援や子育ての相談に応じるほか、福祉事務所や児童相談所等の関係機関との連絡調整を行っている。母子支援員は、都道府県知事の指定する児童福祉施設の職員を養成する学校その他の養成施設を卒業した者、保育士・社会福祉士・精神保健福祉士の資格を有する者などに該当しなければなければならない（同基準第28条）。

(4) 児童自立支援専門員・児童生活支援員

　児童自立支援施設におかれる職員である。児童自立支援専門員は、児童自立支援施設において児童の自立支援を行う者であり、児童生活支援員は、児童自立支援施設において児童の生活支援を行う者である（「児童福祉施設の設備及び運営に関する基準」第80条）。児童自立支援施設（旧・教護院）は夫婦小舎がとられることが多く、「児童福祉法」が1997（平成9）年に改正され1998（平成10）年4月に施行されるまで、児童自立支援専門員は教護、児童生活支援員は教母という名称であった。国立の児童自立支援専門員の養成機関として国立武蔵野学院附属児童自立支援専門員養成所がある。

(5) 家庭支援専門相談員（ファミリーソーシャルワーカー）

　家庭支援専門相談員が配置される施設は、児童養護施設、乳児院、児童心理治療施設及び児童自立支援施設である。

　厚生労働省雇用均等・児童家庭局長通知「家庭支援専門相談員、里親支援専門相談員、心理療法担当職員、個別対応職員、職業指導員及び医療的ケアを担当する職員の配置について」（平成24年4月5日雇児発0405第11号）によれば、この職員が配置されるのは、虐待等の家庭環境上の理由により入所している児童の保護者等に対し、児童相談所との密接な連携のもとに電話、面接等により児童の早期家庭復帰、里親委託等を可能とするための相談援助等の支援を行い、入所児童の早期の退所を

促進し、親子関係の再構築等が図られることを目的としている。家庭支援専門相談員は、社会福祉士若しくは精神保健福祉士の資格を有する者、児童養護施設において児童の指導に5年以上従事した者又は児童福祉司任用資格のある者でなければならない（「児童福祉施設の設備及び運営に関する基準」第42条第2項）。

業務内容は、①対象児童の早期家庭復帰のための保護者等に対する相談援助業務 i）保護者等への施設内で又は保護者宅訪問による相談援助、ii）保護者等への家庭復帰後における相談援助　②退所後の児童に対する継続的な相談援助、③里親委託の推進のための業務　i）里親希望家庭への相談援助　ii）里親への委託後における相談援助　iii）里親の新規開拓、④養子縁組の推進のための業務　i）養子縁組を希望する家庭への相談援助等　ii）養子縁組の成立後における相談援助等、⑤地域の子育て家庭に対する育児不安の解消のための相談援助、⑥要保護児童の状況の把握や情報交換を行うための協議会への参画、⑦施設職員への指導・助言及びケース会議への出席、⑧児童相談所等関係機関との連絡・調整、⑨その他業務の遂行に必要な業務、である。

(6) 個別対応職員

個別対応職員が配置される施設は、児童養護施設、乳児院、児童心理治療施設、児童自立支援施設及び母子生活支援施設である。

2012（平成24）年4月5日の厚生労働省雇用均等・児童家庭局長通知「家庭支援専門相談員、里親支援専門相談員、心理療法担当職員、個別対応職員、職業指導員及び医療的ケアを担当する職員の配置について」（平成24年4月5日雇児発0405第11号）によれば、虐待を受けた児童等の施設入所の増加に対応するため、被虐待児等の個別の対応が必要な児童への1対1の対応、保護者への援助等を行う職員を配置し、虐待を受けた児童等への対応の充実を図ることを目的としている。業務内容は、①被虐待児等特に個別の対応が必要とされる児童への個別面接、②当該児童への生活場面での1対1の対応、③当該児童の保護者への援助、④その他、である。

(7) 里親支援専門相談員（里親支援ソーシャルワーカー）

この職員の配置は、児童養護施設及び乳児院に地域の里親及びファミリーホームを支援する拠点としての機能をもたせ、児童相談所の里親担当職員、里親委託等推

進員、里親会等と連携して、①所属施設の入所児童の里親委託の推進、②退所児童のアフターケアとしての里親支援、③所属施設からの退所児童以外を含めた地域支援としての里親支援を行い、里親委託の推進及び里親支援の充実を図ることを目的としている。

(8) 心理療法担当職員

　心理療法担当職員は、虐待等による心的外傷等のため心理療法を必要とする児童等及び夫等からの暴力等による心的外傷等のため心理療法を必要とする母子に、遊戯療法、カウンセリング等の心理療法を実施し、心理的な困難を改善し、安心感・安全感の再形成及び人間関係の修正等を図ることにより、対象児童等の自立を支援することを目的として配置される。心理療法担当職員の業務内容は、①対象児童等に対する心理療法、②対象児童等に対する生活場面面接、③施設職員への助言及び指導、④ケース会議への出席、⑤その他とされている。

　資格要件は、乳児院、児童養護施設又は母子生活支援施設に配置される場合は、「学校教育法」の規定による大学の学部で、心理学を専修する学科若しくはこれに相当する課程を修めて卒業した者であって、個人及び集団心理療法の技術を有するもの又はこれと同等以上の能力を有すると認められる者とされている。これに加えて、児童自立支援施設に配置される場合は、心理療法に関する1年以上の経験を有するなどの要件が付加されている。

(9) 看護師

　「保健師助産師看護師法」によれば看護師とは、「厚生労働大臣の免許を受けて、傷病者若しくはじょく婦に対する療養上の世話又は診療の補助を行うことを業とする者をいう」(第5条)とされる。看護師になろうとする者は、看護師国家試験に合格し、厚生労働大臣の免許を受けなければならない(同法第7条第3項)。社会的養護の施設でも「医療的ケアを担当する職員を配置」すべき施設があり、具体的には医療的ケアを必要とする児童が15人以上入所している児童養護施設である。被虐待児や障害児等継続的な服薬管理などの医療的ケア及び健康管理(「医療的ケア」)を必要とする児童に対し、日常生活上の観察や体調把握、緊急時の対応などを行い医療的支援体制の強化を図ることを目的としている。医療的ケアを担当する職員は、看

護師でなければならない。「家庭支援専門相談員、里親支援専門相談員、心理療法担当職員、個別対応職員、職業指導員及び医療的ケアを担当する職員の配置について」（平成24年4月5日雇児発0405第11号）によれば、医療的ケアを担当する職員等の業務内容は、①対象児童の医療的ケア及び緊急時における対応等、②医師又は嘱託医との連携、③常備薬の管理及び与薬、④病欠児及び早退児の観察、⑤入所者の健康管理及び身体発達上の相談への対応、⑥対象児童の医療機関への受診及び行事への付添、⑦入所者の健康上の相談への対応、⑧感染予防、⑨緊急時における医療機関との連絡調整、⑩その他医療的ケアのために必要な業務とされている。

(10) 障がいのある子どもの支援に関わる専門職

　障がいのある子どもの支援に関わる専門職の中でもリハビリの専門職の重要性は高い。「児童福祉施設の設備及び運営に関する基準」第58条第3項「主として肢体不自由のある児童を入所させる医療型障害児入所施設には、（中略）理学療法士又は作業療法士を置かなければならない」、第69条は「医療型児童発達支援センターには、（中略）理学療法士又は作業療法士（中略）を置かなければならない」と定めている。

1) 理学療法士

　理学療法士とは、「厚生労働大臣の免許を受けて、理学療法士の名称を用いて、医師の指示の下に、理学療法を行なうことを業とする者」である（「理学療法士及び作業療法士法」第2条第3項）。

2) 作業療法士

　作業療法士とは、「厚生労働大臣の免許を受けて、作業療法士の名称を用いて、医師の指示の下に、作業療法を行なうことを業とする者」である（「理学療法士及び作業療法士法」第2条第4項）。

3) 言語聴覚士

　言語聴覚士とは、「厚生労働大臣の免許を受けて、言語聴覚士の名称を用いて、音声機能、言語機能又は聴覚に障害のある者についてその機能の維持向上を図るため、言語訓練その他の訓練、これに必要な検査及び助言、指導その他の援助を行うことを業とする者」である（「言語聴覚士法」第2条）。

参考文献

井村圭壯・安田誠人編 (2017)『現代の保育と社会的養護』学文社

厚生労働省「保育所保育指針解説書」

　http://www.mhlw.go.jp/bunya/kodomo/hoiku04/pdf/hoiku04b.pdf

新保育士養成講座編纂委員会編 (2015)『新保育士養成講座　第5巻社会的養護』

　〈改訂2版〉全国社会福祉協議会

第10章 社会的養護における援助の展開

1. 社会的養護の展開過程

(1) 自立支援計画の策定

　2005（平成17）年に「児童福祉施設最低基準」（現：児童福祉施設の設備及び運営に関する基準）が改正され、児童福祉施設の施設長は入所児童等に対して計画的な自立支援を行うための自立支援計画を策定することが義務づけられた。これにより、入所から退所までの支援の一貫性が求められるようになった。

　自立支援計画策定の流れについては、図10-1に示すとおりである。まずは、子どもの養育をどのように考えていくのか、児童相談所が社会診断・心理診断・医学診断等をもとに支援指針を作成し、その指針に従って入所児童の養護を行った後、施設において改めてアセスメント（実態把握・評価）を行い、自立支援計画を策定する。計画を実施した後は、定期的に評価を行い、子どもの変化や状況を児童相談所と共有しながら、再アセスメントの実施、そして、新たな計画を策定していくなかで子どもたちへの支援の見通しを立て、最終的には、家庭復帰あるいは社会的自立を目指す。

　また、この支援計画は施設職員のためではなく、あくまで子どもに対する支援の向上のためにあることを認識し、「子どもの最善の利益」を追求していくことが重要である。まずは「子ども本人の意向は何なのか」という視点を外すことなく、子どもの置かれている状況を踏まえ、子どもの心身の発達と健康の状況、及びそれぞれの子どもを取り巻く家庭環境・教育環境、近隣地域の養育力など、幅広い視野と正確な情報をもって、策定することが求められる。つまり、自立支援計画は子どもや保護者の意見、そして、児童相談所をはじめとする関係機関の見解もふまえ、施設全体の共通理解のもとで策定されなければならないのである。

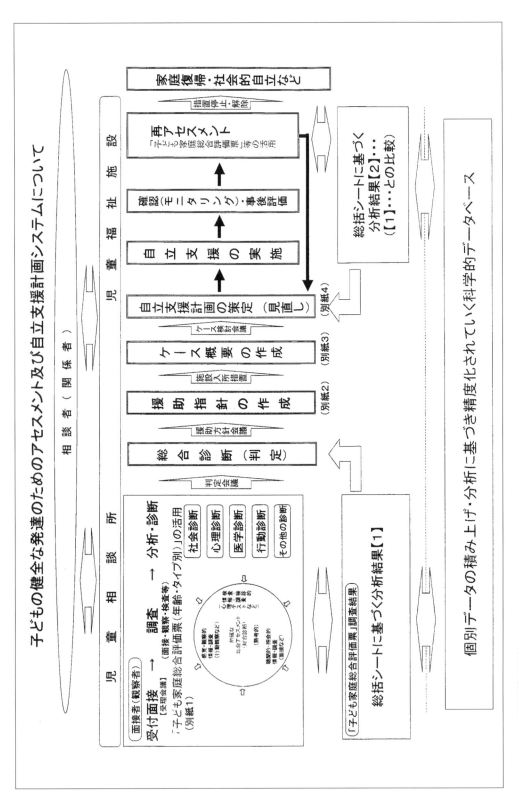

子どもの健全な発達のためのアセスメント及び自立支援計画システムについて

| 児童相談所 | 相談者（関係者） | 児童福祉施設 |

面接者（観察者）

受付面接　→　調査　→　分析・診断
（受理会議）　　（面接・観察・検査等）　　（年齢・タイプ別）」の活用
「子ども家庭総合評価票」
（別紙1）

- 社会診断
- 心理診断
- 医学診断
- 行動診断
- その他の診断

「子ども家庭総合評価票」調査結果

総括シートに基づく分析結果【1】

個別データの積み上げ・分析に基づき精度化されていく科学的データベース

判定会議 →　**総　合　診　断　（判　定）**

援助方針会議 →　**援　助　指　針　の　作　成**　（別紙2）

施設入所措置 →　**ケ　ー　ス　概　要　の　作　成**　（別紙3）

ケース検討会議 →　**自立支援計画の策定（見直し）**　（別紙4）

自　立　支　援　の　実　施

確認（モニタリング）・事後評価

措置停止・解除 →　**再アセスメント**
「子ども家庭総合評価票」等の活用

措置停止・解除 →　**家庭復帰・社会的自立など**

総括シートに基づく分析結果【2】…
（【1】…との比較）

図10-1　自立支援計画策定システム

出典　厚生労働省「子ども自立支援計画ガイドラインについての概要」　http://www.wam.go.jp/wamappl/bb16GS70.nsf/0/49256fe9001adf9249256fda00
163f6c/$FILE/gaiyou.pdf（2017年2月21日）

　また、里親に委託された子どもの自立支援計画は、児童相談所が策定し里親へ示すこととなっている。しかし、計画の策定・見直しの際には里親等も参加することが望まれる。なお、障害のある子どもがサービスを利用する場合は、「個別支援計画」が策定される。

(2) 施設養護の展開過程

1) アドミッションケア

　アドミッションケア（admission care：入所前後支援）とは、施設入所の前後に施設職員が児童福祉司と連携して、入所児童に対して行う特別な配慮のことである。

　①入所児童の不安を解消する

　施設入所を控えた子どもたちは、今まで住み慣れた場所を離れ、家族や友達もいない環境に突然連れていかれ、新しい生活を始めなければならず、大きな不安を抱えている。その不安を少しでも解消するため、施設職員は、施設入所前に一時保護所などへ面会に行き、施設の概要や生活について子どもに伝えなければならない。また「子どもの権利ノート」を活用し、保障される権利や困ったときの相談先などを子どもの年齢に応じて分かりやすく説明するとともに、施設職員以外にも相談ができる人がいることを伝えておく必要がある。

　②施設内の環境を整える

　子どもが入所する前に施設側は担当職員を選任し、居室を定めたうえで、生活必需品である寝具や洗面用具、箸やコップなどの準備をし、入所児童が少しでも安心を得られるような配慮をしておくことが必要である。また、入所後に担当職員とともに外出し、子どもの好みを聞きながら日用品を購入するのも望ましい。

　さらに、施設内の子どもたちに対しては入所児童のことを周知し、良好な友達関係が構築できるような環境を整えておく。このことは、施設生活に早く馴染めるきっかけとなるため、職員が配慮すべき重要な点である。

2) インケア

　インケア（in care：施設における日常生活支援）とは、自立支援計画をふまえながら、子ども一人ひとりの課題の克服や自己実現に向けた支援を日々の生活の中で展開していくことである。

①基本的生活習慣の獲得

社会的養護の施設に入所してくる子どもの家庭は、機能不全に陥っていることが多いため、子どもたちは日常生活における様々な課題を抱えている。まずは生活の基本である「衣食住」についてであるが、毎日3食の食事や適切な量のおやつが提供され、洗濯された清潔で季節にあった衣服を着て過ごし、家具や物品が整理整頓された部屋で余暇を過ごし、毎日入浴し、掃除された部屋にある温かな布団で眠る、というような生活環境を保障していく必要がある。安全な場所で安心して過ごすことにより、子どもたちは、初めて情緒の安定を得ることができるのである。そして、日常生活をともにする養育者（保育士等の施設職員、里親）と愛着関係、信頼関係を構築することにより、子どもたちは「自分は愛され、尊重されている」と実感し、その関係性の中で生活スキルや生活文化について学び、身につけることができるようになるのである。

また、施設入所前の家庭においては、昼夜逆転した不規則な生活習慣を続けていたなど、生活リズムが確立されていない子どもたちも多く、そのため、施設では起床や就寝、食事、入浴、登校・登園など、おおむね決まった時間に活動する（デイリープログラムに沿った生活をする）ことにより、子どもたちが規則正しい生活リズムを獲得していくことができるような配慮がなされている。また、余暇時間は子どもたちにとって、自らがやりたいことを自由に選べる時間であり、施設内の友だち・学校の友だちとの関わりによって、対人関係を学ぶことができる貴重な時間となるため、余暇時間も保障されなければならない。

さらに、施設入所前には学校に行かせてもらえないなど、学習ができる環境が整っていなかったため、学習習慣が身につかず、低学力に陥っている子どもも多い。このような子どもには、学校に通う機会を保障することから始まり、個々の状況に応じて、学習塾や家庭教師などによる学習支援、あるいは、必要に応じてメンタルフレンド的な役割も果たす学習ボランティアを活用することは有効である。

②治療的支援・医療との連携

虐待などにより心身ともに傷ついた子どもに対しては、専門職による治療的支援が必要となる。各施設に配置されている個別対応職員による面接や個別ケアをはじめ、治療的支援として、心理療法担当職員や児童相談所の児童心理司などが中心となって行う心理療法があげられる。また、場合によっては医療機関との連携も必要

となってくる。

　しかし、子どもたちの心をケアするのはこのような専門的な支援だけではなく、日常生活における直接支援職員（保育士、児童指導員等）との関わりが重要となる。直接支援職員が日々子どもたちに寄り添い、子どもたちを大切にし、愛情のある温かな関わりを継続していくなかで、子どもたちが失っていた自己肯定感や自尊心を回復し、「生まれてきてよかった」と実感できる心のケアにつながっていくのである。

　また、定期的通院を必要とする疾患や障害のある子どもの場合には、医師からの指導に基づき、投薬管理や生活管理を適切に行わなければならない。さらに、投薬を受けている子どもに関しては、成長や症状の変化に合わせて内容の見直しが必要な場合があるので、医師に子どもの現在の状態が適切に伝えられるように、小さな変化も見逃さず、日々記録をとっておくことが重要となる。

3) リービングケア

　リービングケア（Leaving Care：退所準備支援）とは、施設を退所し、家庭復帰する子どもたちや高校等を卒業して自立していく子どもたちへの退所準備の支援である。また、リービングケアは施設養護のプロセスとして、インケアからアフターケアにつなげるための欠かせない支援である。

　①リービングケアの具体的内容

　家庭復帰を目標とした子どもたちへの支援は、家庭支援専門相談員（ファミリーソーシャルワーカー）が中心となり、家族関係調整、子どもの帰宅訓練等が実施される。また、社会へ巣立っていく子どもたちへの支援は担当職員が中心となり、退所後の進路や住居、社会生活を送るうえでの必要な知識（たとえば、料理の作り方、金銭管理の方法など）について、日々の生活の中で継続的に、そして体験的に伝えていく。あるいは、地域で開催されるソーシャルスキルトレーニング講習会等へ積極的に参加を促し、子どもたちが自立後も困らないような生活スキルを身につける支援を計画的に展開していく。また、自立援助ホームや大学進学に関する支度金や奨学金制度についての情報提供を行うなど、様々な支援策を活用しながら、子どもが思い描いている進路や将来の夢の実現に向かって、その可能性をつぶさないように支援していく。

　②「人とつながる」ための支援

　施設を退所する子どもたちは、社会で生き抜くために多くの知識を身に付けなければならない。しかし、単に知識を身に付けるだけではなく、最も重要なのは「人とつながる」ことである。社会的養護を必要とする子どもたちの多くは、親に傷つけられ、心に深い痛手を負っており、人を信じることに対する怖さや不安を感じていることが多い。そのような子どもたちが、人への不信感を拭えるようになる支援が必要なのである。「人とつながる」ことは、他者との信頼関係を構築することであり、それは互いに助け合うことを意味する。そのために、まずは保育士をはじめとする施設職員が子どもの気持ちに寄り添い、「信頼できる身近な大人」になることが求められるのである。

4) アフターケア

　アフターケア（After Care：退所後支援）とは、施設を退所した子どもたちに対する支援である[1]。

　①アフターケアの体制について

　子どもが施設を退所した後は、自宅（地域）での生活がスムーズに行えるように児童相談所をはじめ、教育機関や福祉事務所など地域の関係機関との連携が重要となってくる。これらの機関は、常に子どもの生活状況などの情報を共有し、必要に応じた支援が迅速に行えるようにしておかなければならない。

　また、入所児童が就職や進学により自立する場合にも、その時々の子どもの状況把握ができる体制を整えておくことは重要である。就職の場合は職場の経営者や上司、進学の場合は進学先の教職員や住居の管理人などと常時連絡をとれるようにしておき、子どもに何かあれば、対応できる体制を整えておく。さらには、子どもとの定期的な連絡はもちろんのこと、住居や職場への訪問を実施し、接点が途絶えないようにしなければならない。

　②子どもが相談できる職員の存在

　アフターケアに関しては、体制を整えるだけでは十分とはいえない。退所した子どもにとって、相談できる職員の存在は重要である。子どもが困った時に「施設へ連絡するべきだ」とわかっていても、相談できる職員がいるか否かが、実際に施設を頼るかどうかを決める要因となる。施設の建物はあるが、相談できる職員がいないことで、退所した子どもの足が施設から遠のくことも多い。したがって、職員は

子どもが巣立つ前にしっかりと関わり、気持ちに寄り添い、子どもから「相談したい」と思われるような職員になる努力をする必要がある。このような関係構築ができて初めて子どもは「いざという時には、施設を、先生を頼っていいんだ」という気持ちになる。アフターケアを実施する上で、このことは最も大切なことである。

2. 家庭調整の方法

　子どもが本来、育つべき場である家庭に復帰することができるように、親や家庭に働きかけることを「家庭調整」と呼ぶ。子どもにとっては、家庭・家族はかけがえのない大切な存在であり、多くの子どもは常に「家に帰りたい」と強く思っている。したがって、家庭を切り離すのではなく、家族と協働して子どもを支援していくという視点は欠かせないのである。

　施設では、家庭調整を実施する専門的な職員として、家庭支援専門相談員（ファミリーソーシャルワーカー）が配置されている。家庭支援専門相談員は、常に直接支援職員と連携し、現在の子どもの様子、家庭の様子を見極めながら、家庭・家族への支援を行っていかなければならない。また、家庭調整は、児童相談所のワーカーと協働する領域であり、お互いの密接な連携のもとで行われる必要がある。

(1) 家庭復帰 (家族再統合) について

　施設で暮らす子どもの家族再統合について、まずは「家庭復帰」があげられる。これは、子どもが家族から一度は離れて施設入所するが、再び家族と生活をともにすることである。しかしここで重要なのは、家庭復帰だけが家族再統合ではないということである。家庭復帰に至らなくても、子どもと家族の関係を修復し、お互いの存在を認めあえるようになることは広義の家族再統合といえる。つまり、施設養護において家庭復帰は望ましいことではあるが、そのことに固執するのではなく、子どもにとって家族が精神的な支えになるような関係調整をすることで、子どもの自尊感情を育み、前向きな成長へとつなげていくことこそが大切なのである。

(2) 具体的な支援方法

　具体的な支援方法は次のとおりである。

　[通信]：まずは、電話や手紙などの通信から開始する。保護者との定期的な通信は、子どもの励みになる。現在は手紙を書く習慣があまりないが、手紙は手元においていつでも何回でも読めるので、親子の絆を確かなものにするためには大変有効である。また、施設側からは、施設や学校での行事予定などを知らせ、保護者が子どもの元へ出向いてくれるような働きかけをするのにも有効な手立てである。

　[面会]：子どもが施設生活に慣れて落ち着いてきたら、保護者との面会を試みる。場所は、施設、あるいは児童相談所とする。面会は時間を決めて行い、場合によっては職員の立ち会いの下で実施する。問題がなければ、子ども本人の居室で実施してもよい。このような面会は、保護者に子どもの日常生活を理解してもらう貴重な時間となる。

　[外出]：面会が順調に進んだら、続いては外出を試みる。まずは、施設近辺における店舗で外食や買い物などの外出を繰り返し、問題がなければ、一時的に自宅に帰省するのもよい。

　[一時帰宅（外泊）]：外出が順調に進んだら、続いては一時帰宅（外泊）を試みる。最初は週末を利用した1泊2日の外泊を実施し、問題がなければ大型連休や長期休暇を利用した長期外泊を試みる。外泊は、家庭復帰に向けての大きなステップとなる有効な方法である。

　[家庭訪問]：子どもが外泊する前後（途中でもよい）に、施設職員は家庭の様子を見に行く必要がある。この時、児童相談所の担当ワーカーと一緒に訪問することが望ましい。家庭訪問した際には、保護者の現在の生活レベルを観察し、子どもと一緒に生活をしていけるかどうかを見極める必要がある。

(3) 支援において注意・配慮すべき点

　子どもが保護者と接点をもった際に、施設職員が注意しなければならない点は、子どもの様子である。保護者からの不適切なかかわりを受ける可能性もあるので、外出・外泊後は子どもの様子に細心の注意を払い、子どもとの会話やボディチェックなどから精神的に不安定になっていないかを見極め、子どもの心情や虐待の有無などを把握しなければならない。また、子どものみではなく保護者への配慮も必要である。外出・外泊時のみに留まらず、経済面や心身面の悩みなど保護者の状況を把握するために、定期的な保護者面談を実施する必要がある。保護者と関わりをも

つことで関係を深め、適切な支援を行っていくことは、子どもにとっても大変重要
な意味をもつ。

3. 虐待の再発防止の方法

　虐待ケースにおいては、子どもを保護するためにまずは親子分離をし、施設入所
または里親委託を実施するのであるが、それは子どもケアの最終目標ではない。保
護した後、子どもと保護者への支援を行い、家族関係の再構築を目指し、子どもの
家庭復帰を行うことが最終目標となる。特に、子どもは親からの虐待を受けていて
も「親と一緒に暮らしたい」という強い気持ちを持っている場合が多い。しかし、
全ての虐待ケースについて家庭復帰が実現するわけではない。家庭復帰ができたも
のの、再び親から傷つけられ施設に戻ってきたり、最悪の場合は命を失ったりする
子どもも少なくない。子どもの命と尊厳を守るため、家庭復帰には細心の注意を払
うとともに、慎重に行わなければならない。つまり、子どもの家庭復帰を進めてい
く際には、虐待の再発防止が不可欠なのである。

　子どもへの虐待の背景には、家族の抱える社会的、経済的、心理的な問題等さま
ざまな問題があり、保護者自身の養育力不足や性格等も虐待を引き起こす要因の一
つとしてあげられる。そこで、虐待再発防止策のために経済的問題や住宅、夫婦関
係や地域との関係など、養育環境調整のためのソーシャルワーク支援とあわせて、
保護者自身への直接的な支援が必要となる。保護者自身が過去に虐待を受けていた
場合や精神疾患がある場合などについては、施設職員だけでなく、児童相談所や保
健所や精神保健福祉センターなどと連携を取り、適切な保護者支援を実施すること
が必要となる。

　児童福祉施設において、虐待をした保護者への支援を進めるためには、まず、保
護者との協働の姿勢をもつことが求められる。施設職員は、保護者が抱えている問
題を理解し、保護者を責めたり、指導したりするのではなく、保護者に共感し、寄
り添いながら「一緒に子育てをしましょう」という姿勢で支援に臨んでいくことが
望ましい。

注

1) 2004（平成16）年の「児童福祉法」改正にともない出された厚生労働省の通知（「『児童福祉法の一部を改正する法律』の施行について」）により、児童養護施設などの児童福祉施設（乳児院、情緒障害児短期治療施設（児童心理治療施設）、児童自立支援施設、生活支援施設）の目的として「当該施設を退所した者に対する相談その他の援助を行うこと」の規定が盛り込まれた。

参考文献

厚生労働省「親子関係の再構築支援について」
　　http://www.mhlw.go.jp/stf/shingi/2r9852000001e5xt-att/2r9852000001e613.pdf〈2017年2月21日〉
厚生労働省 雇用均等・児童家庭局総務課虐待防止対策室「児童虐待の現状とこれに対する取組」
　　http://www.mhlw.go.jp/seisaku/20.html〈2017年2月21日〉
厚生労働省「里親手引」
　　http://www.mhlw.go.jp/file/06-Seisakujouhou-11900000-Koyoukintoujidoukateikyoku/working2-04.pdf〈2017年2月21日〉
中野菜穂子・水田和江編（2012）『社会的養護の理念と実践』みらい
橋本好市・原田旬哉編（2014）『演習・保育と社会的養護内容』みらい
望月彰編（2013）『改訂 子どもの社会的養護　出会いと希望のかけはし』〈第2版〉建帛社

第11章 社会的養護の課題と展望

1. 子どもへの自立支援の充実

　「児童福祉法等の一部を改正する法律」が成立し、2016（平成28）年6月3日に改正法が公布された。そのうち、一部が公布と同時に施行、その他の改正は2016（平成28）年10月1日・2017（平成29）年4月1日に施行され、社会的養護の充実と健全育成が目指された。

　これまで、「児童養護施設等の社会的養護の課題に関する検討委員会」と「社会保障審議会児童部会社会的養護専門委員会」が2011（平成23）年7月に「社会的養護の課題と将来像」をとりまとめた。そこでは、家庭的養護・自立支援・家族再統合支援の充実を図ることが目指された。施設の小規模化と地域分散化、里親等の家庭的養護推進、虐待された子どもやDV被害を受けた母子等への自立支援充実であった。わが国の社会的養護関係者は、虐待された・家庭養育を受けることが難しい子どもに対して家庭養護を優先して受けるよう働きかけることになった。

　2016（平成28）年6月3日には、家庭的養護の推進等を内容とした「児童福祉法等の一部を改正する法律の公布について（通知）」が都道府県知事・指定都市市長・児童相談所設置市長に対して出された。それとともに、改正「児童福祉法」等が公布され、全ての子どもの健全育成に向け、虐待の発生予防から自立までの支援がなされるようにした。

　以下、厚生労働省雇用均等・児童家庭局長による「児童福祉法等の一部を改正する法律の公布について（通知）」にもとづく内容である。

2. 子育て関連の問題発生の予防

(1) 妊娠中からの継続した支援

　子どもの生活環境の安定をもたらすなら、妊娠期から子育て期まで切れ目ない支援をする必要がある。そのため、改正法では子育て世代包括支援センター（母子健康包括支援センター）を2020（令和2）年度末くらいまでに全国規模での設置を目指すために市町村へ働きかけることとした。「母子保健法」第22条に、市町村が母子保健に関する支援の実情把握等を行う子育て世代包括支援センターを設置するよう努めなければならないと定めたのである。

　虐待によって子どもが死亡する事例は、0歳児が4割強を占める。その背景には、妊娠期の母親が一人で悩みを抱える、産前産後の心身の不調、家庭環境の課題がある。妊娠の届出がない・母子健康手帳が未発行で妊婦健診未受診の妊婦は、市町村が把握できない状況にある。そのために、要支援の妊婦に働きかけることが求められる。要支援の妊婦を把握しやすい機関・施設から市町村が連絡を受けて状況を把握し、妊娠期に対する支援へのつなぎが必要になる。改正法では、要支援の妊婦と接する機会のある医療機関・児童福祉施設・学校等が要支援の妊婦を把握した場合、その情報を市町村に提供するよう努めることが明記された。

　2016（平成28）年10月1日から施行された「児童福祉法」第21条の10の5第1項の内容では、要支援の子ども、妊婦、保護者を把握した病院、診療所、児童福祉施設、学校等の医療・福祉・教育機関と医師、看護師、児童福祉施設の職員、学校の教職員等の医療・福祉・教育関連職務従事者は、市町村に情報提供するよう努めることとした。なお、同法第21条の10の5第2項の内容では、「刑法」の秘密漏示罪の規定は、情報提供を妨げるものと解釈してはならないとした。

　また、妊娠の届出や乳幼児健診等の母子保健施策は、市町村が妊産婦と接触することになる。悩みを抱える妊産婦を早期発見し、相談支援へつなぐなど、児童虐待の予防・早期発見をする。「母子保健法」第5条第2項は、母子保健施策と児童虐待防止対策との連携をより一層強化するように改正され、公布と同時に施行された。その内容は、国及び地方公共団体が母子保健施策を講ずることよって、乳幼児虐待の予防・早期発見することに留意することとした。

(2) 機関・施設の連携強化

1) 保健・医療・教育との連携

　児童虐待の疑いがある場合は、子どもや保護者の心身の状況、生活環境等の情報を児童相談所や市町村で共有し、子どもの安全確保と対応方針の決定が必要となる。2016（平成28）年改正では、「児童虐待の防止等に関する法律」第13条の4に示す機関も、児童虐待に関する情報を提供できる主体に追加した。病院、診療所、児童福祉施設、学校等の医療・福祉・教育関係機関と医師、看護師、児童福祉施設の職員、学校の教職員等の医療・福祉・教育関連職務従事者は、児童相談所長等から児童虐待の防止等に関する資料等の提供が求められた場合は提供ができる、とした。

2) 地域における連携

　乳児家庭全戸訪問事業は、乳児を育てる家庭の孤立を防ぎ、健全育成の環境確保のために、生後4か月までの乳児のいる家庭を原則的に訪問するものである。そこで、子育て状況を聞き、子育て関連の情報提供、乳児とその保護者の心身状況や養育環境の把握をし、養育関連の相談助言を行う。各家庭には、保健師、助産師、看護師、保育士、母子保健推進員、児童委員、子育て経験者のいずれかが訪問する。訪問によって、支援の必要ありと考えられる時は、関係者会議を実施、当該家庭に対して養育支援訪問事業等のサービスにつなぐ。その中の要保護児童対策地域協議会機能強化事業は、要保護児童対策調整機関の職員、地域ネットワークを構成する関係機関等の専門性強化及び地域ネットワーク構成員の連携強化を図る。そして、地域ネットワークとの連携を図る。また、要保護の子どもの早期発見・支援・保護のため、地域の関係機関・団体等が情報共有・連携のもと、児童虐待の発生予防・早期発見・早期対応する。

　子どもや家庭への支援は、生活が営まれる身近な場所で行われることが重要である。改正法では、「児童福祉法」第3条の3に、市町村が基礎的な地方公共団体として地域での支援を担う役割・責務があることを明記した。市町村は、在宅支援を中心に支援体制の充実を図るため、実情把握、情報提供、相談・指導、関係機関との連絡調整等の支援を一体的に提供する拠点の整備に努めることとした。市町村の支援拠点の整備が明記され、2017（平成29）年4月1日から施行された。

　改正「児童福祉法」第10条の2の内容は、市町村が子どもと妊産婦の福祉に関し、支援のための拠点整備に努めるということである。同法第25条の2第6項の内容は、市町村の設置する要保護児童対策地域協議会の調整機関が専門職を置くということである。同法第25条の2第8項の内容は、調整機関に配置される専門職は、厚生労働大臣が定める基準に適合する研修を受けることとする、である。

3) 専門機関の連携

　児童虐待には、市町村が在宅支援や子育て支援事業等の支援、児童相談所が立入調査、一時保護や施設入所措置等の行政権限のもと、子どもや保護者に対する専門的な支援を行うことになった。改正法では、虐待事案が適切な機関で対応されるように、児童相談所から市町村に事案を送致できるようになった。児童相談所と市町村との間で、対応漏れや離齬がないよう、下記に示す条文の内容が2017（平成29）年4月1日に施行されるまでに、厚生労働省の共通の基準となるアセスメントツールを作成することになった。

　「児童福祉法」第26条第1項第3号関係の内容は、児童相談所長が通告を受けた子どもと妊産婦の福祉に関し、専門的な知識等を必要としない支援については市町村に送致することになった。同法第26条第1項第8号関係の内容は、児童相談所長が通告を受けた子ども等のうちで市町村の健全育成事業を利用することが望ましいと認める者を市町村長に通知することになった。

(3) 専門職による支援の質向上

　2017（平成29）年4月1日より、婦人相談員の非常勤規定が削除された（「売春防止法」第35条第4項）。婦人相談員は、都道府県知事等が委嘱する地方公務員である。その役割は、制度上、性行または環境によって売春を行うおそれのある女子に対する相談・指導等を行うことである。しかし、実際には、DV・離婚・生活困窮等の問題を抱える女性への相談支援等を幅広く行っている。「売春防止法」では、人材を得て早期に相談体制の整備が必要であったため、非常勤とされていた。しかし、都道府県等職員の任用は、都道府県知事等の判断によるので、非常勤を原則とする旨の規定は削除された。

　また、同年同日、母子・父子自立支援員の非常勤規定が削除された（「母子及び父

子並びに寡婦福祉法」第8条第3項)。母子・父子自立支援員は、都道府県知事等が委嘱する地方公務員であり、ひとり親家庭と寡婦に対し、生活や就業等の自立に必要な相談支援を行う者である。業務内容がひとり親家庭等への相談・指導等に特定され、民間から適任者を採用するために、非常勤とされていた。しかし、都道府県等における職員の任用については都道府県知事等が判断するものであり、非常勤を原則とする旨の規定が削除された。

　母子生活支援施設は、生活困窮のひとり親家庭の親子等を入所で保護し、その自立促進のため、相談援助を行う施設である。都道府県等は、申込みがあった場合は、当該施設で保護しなければならない。現在は、DVを理由に入所する母子が最も多く、母子支援拠点の一つとなっている。このことから、2016 (平成28) 年10月1日より、母子生活支援施設への入所が認められる母子に関する情報を、母子生活支援施設で保護を実施する婦人相談所長が都道府県へ報告・通知することを次のように義務づけた。

　「売春防止法」第36条の2の内容では、婦人相談所長が要保護女子で配偶者のない女子等と子どもに、「児童福祉法」に規定する母子保護の実施が適当と認めたときは、都道府県知事等に報告・通知することになった。「児童福祉法」第23条第4項の内容では、都道府県知事等が報告または通知を受けた保護者と子どもに必要があると認めるときは母子保護の実施申込みを促すことになった。

　そして、母子家庭等の支援機関への婦人相談員の追加が公布日施行となった。婦人相談所や福祉事務所は、母子家庭の母と子どもとの接点が多いので、「婦人相談員相談・支援指針」でも、母子・父子自立支援員と連携を図り、役割分担を確認しながら相談支援を進めることになった。このため、婦人相談員と母子・父子自立支援員の連携について強化を図ることになった。「母子及び父子並びに寡婦福祉法」第3条の2第1項の内容には、母子家庭の母及び子どもの生活の安定と向上のために相互に協力しなければならない関係機関に婦人相談員を追加することが示されることになった。

　以上は、「児童福祉法等の一部を改正する法律の公布について」にもとづいて述べたものである。これらの改正により、全ての子どもの健全育成のために問題発生の予防・社会的養護の充実・自立支援が目指されているといえる。

　今後は、図7-1のような社会的養護の将来像の実現に向けて施設の小規模化と家庭的養護の推進をしていくことになった。

3. 施設等の運営管理

　施設運営は、法令を遵守し長期的な展望の下で施設長の責任によって行われなければならない。施設等の運営管理について、例えば児童養護施設の場合を見てみると、2012（平成24）年に厚生労働省雇用均等・児童家庭局長通知として出された「児童養護施設運営指針」の「第Ⅱ部各論」に「8. 施設の運営」がある。そこでは、次のような項目・内容がある。なお、「乳児院運営指針」も同様の内容を定めている。

　(1) 運営理念、基本方針の確立と周知は、①法人や施設の運営理念を明文化し、法人と施設の使命や役割を反映させる、②法人や施設の運営理念に基づき、適切な内容の基本方針を明文化する、③運営理念や基本方針を職員に配布するとともに、十分な理解を促すための取組を行う、④運営理念や基本方針を子どもや保護者等に配布するとともに、十分な理解を促すための取組を行う、の4項目からなる。

　(2) 中・長期的なビジョンと計画の策定は、①施設の運営理念や基本方針の実現に向けた施設の中・長期計画を策定する、②各年度の事業計画を中・長期計画の内容を反映して策定する、③事業計画を職員等の参画のもとで策定するとともに実施状況の把握や評価・見直しを組織的に行う、④事業計画を職員に配布・説明して周知を図るとともに十分な理解を促すための取組を行う、⑤事業計画を子ども等に配布するとともに十分な理解を促すための取組を行う、からなる。

　(3) 施設長の責任とリーダーシップは、①施設長は自らの役割と責任を職員に対して明らかにし、専門性に裏打ちされた信念と組織内での信頼のもとにリーダーシップを発揮する。②施設長自ら遵守すべき法令等を正しく理解するための取組を行い、組織全体をリードする。③施設長は養育・支援の質の向上に意欲を持ち、組織としての取組に十分な指導力を発揮する。④施設長は経営や業務の効率化と改善に向けた取組に十分な指導力を発揮する、からなる。

　(4) 経営状況の把握は、①施設運営を取りまく環境を的確に把握するための取組を行う、②運営状況を分析して課題を発見するとともに改善に向けた取組を行う、③外部監査（外部の専門家による監査）を実施し、その結果に基づいた運営改善を実

施する、からなる。

　(5) 人事管理の体制整備は、①施設が目標とする養育・支援の質の確保をするため、必要な人材や人員体制に関する具体的なプランを確立させ、それに基づいた人事管理を実施する、②客観的な基準に基づき、定期的な人事考課を行う、③職員の就業状況や意向を定期的に把握し、必要があれば改善に取り組む仕組みを構築する、④職員処遇の充実を図るため、福利厚生や健康を維持するための取組を積極的に行う、からなる。

　(6) 実習生の受入れは、実習生の受入れと育成について、基本的な姿勢を明確にした体制を整備し、効果的なプログラムを用意する等積極的に取り組むとする。

　(7) 標準的な実施方法の確立は、①養育・支援について、標準的な実施方法を文書化し、職員が共通の認識を持って行う。②標準的な実施方法について、定期的に検証し、必要な見直しを組織的に実施できるよう仕組みを定め、検証・見直しを行う、からなる。

　(8) 評価と改善の取組は、①施設運営や養育・支援の内容について、自己評価、第三者評価等、定期的に評価を行う体制を整備し、機能させる、②評価の結果を分析し、施設として取り組むべき課題を明確にし、改善策や改善実施計画を立て実施する、からなる。

参考文献

厚生労働省雇用均等・児童家庭局長 (2016)「児童福祉法等の一部を改正する法律の公布について（通知）」雇児発0603第1号
　http://www.hoyokyo.or.jp/nursing_hyk/reference/28-1s3-2.pdf〈2016年12月31日〉
厚生労働省雇用均等・児童家庭局家庭福祉課 (2016)「社会的養護の課題と将来像の実現に向けて」
　http://www.mhlw.go.jp/file/06-Seisakujouhou-11900000-Koyoukintoujidoukateikyoku/0000108940.pdf〈2016年12月31日〉
児童養護施設等の社会的養護の課題に関する検討委員会・社会保障審議会児童部会社会的養護専門委員会 (2011)「社会的養護の課題と将来像」
　http://www.mhlw.go.jp/bunya/kodomo/syakaiteki_yougo/dl/08.pdf〈2016年12月31日〉
内閣府 (2016)『子供・若者白書　平成28年版』日経印刷
内閣府 (2016)『少子化社会対策白書　平成28年版』日経印刷
中典子 (2012)「第7章　社会的養護の課題」中野菜穂子・水田和江編『社会的養護の理念と実践』みらいpp.75–83

第2部　社会的養護Ⅱ

第12章 社会的養護に関わる専門的技術

1. ソーシャルワーク（相談援助）と保育者

　ソーシャルワークとは、生活上の課題がある人に対し、専門的な直接的・間接的援助の実践を通して課題解決を図っていくことを基本とする。また、ストレングス（その人が本来持っている力）に着目し、エンパワメント（その人が本来持っている力を抑圧から解放し取り戻すこと）を促進させ、ウェルビーイング（豊かな生活の実現）を高めることができるように働きかけることである。ソーシャルワークを行うにあたっては、社会正義を行動に示すことができること、人権・多様性を尊重すること、集団的責任の意識をもつことが必要である。

　しかしながら、社会的養護の現場では、理想の支援との矛盾が生じることもある。子どもの安全や権利が侵害される恐れのある場合においては、迅速な判断が求められる。それが子どもやその周りの本意ではないとしても、制度や法的義務、専門職倫理などの間でジレンマを抱えながら強制的に介入していくことが必要となることもあるだろう。子どもの最善の利益を考えるとき、なにを優先すべきかについては判断が難しいことも少なくない。保育者は、子どもの日常生活支援を通してソーシャルワークの実践ができることを強みとする反面、ジレンマに陥りやすいということもしっかりと認識し、チームで課題解決にあたるようにし、抱え込まないようにすることが重要である。

　倫理的ジレンマについては、ドロゴフらによる「倫理的原理のスクリーン」と呼ばれる七つの倫理原則の優先順位を示した行動指針がある。誠実さと開示の原則、個人情報と守秘義務の原則、生活の質の原則、最小限の害の法則、自己決定と自由の法則、社会正義の原則、生命の保護の原則の順に優先度が高くなっているとされている。

2. 社会的養護における保育者の役割

　社会的養護を必要とする子どもがどのような環境下で育ってきたのかはさまざまであり、子どもたちの状況、捉え方、受け止め方も個々に異なる。保育者は、子ども一人ひとりの心身の状況、社会関係、健康面や家庭の経済面、障害の有無や程度、発達段階、生育歴、ニーズや特性の理解などに加え、それらに合わせた援助方法に関する知識を身につけ実践していくことが求められる。また、子どもや子どもを取り巻く人たちの自己決定を尊重しつつ、チームで専門的判断を行う必要がある。

　子どもたちの健やかな成長・発達のためには、養育者としての保育者が日常生活支援において保育の専門性を発揮し、子どもたちの安心できる生活の基盤を整え、一人ひとりの心に寄り添うことができるよう知識と技術を身につけることが重要視されている。それは、子どもたちと子どもたちを取り巻く環境を調整しながら子ども一人ひとりが自らの目標を達成し、課題解決を図ることができるよう側面的に支援していくということである。

3. バイスティックの 7 原則

　社会的養護の現場において、子どもや家族のこころに寄り添うとき、勘や経験だけで支援をすることは非常に危険である。保育者は、子どもや家族のニーズに基づいた支援計画をチーム全体で検討し、目標を明確にしながらどのような意図をもってケースにかかわっていくのかを常に自分の実践を通して考え、振り返り、進めていくことが求められる。また、支援を展開するにあたっては、至急解決しなければならないものであるか、時期をみながらゆっくり取り組むべき課題か、教育的な機会を設けて考え方の転換をしなければいけない課題なのかなど、それぞれの目的や方法、期間を適切に設定し、子どもや家族とともに乗り越えていく必要がある。支援をしていくにあたっては、クライエントの尊厳を保持するために保育者が遵守すべきものとしてバイスティックの 7 原則があげられる。

　⑴ 個別化の原則（支援者は、クライエントを個人としてとらえ尊重し個別に対応する）

　⑵ 意図的な感情表出（支援者は、クライエントの感情表現を大切にし、自由に気

持ちを表現できるように支援する）

(3) 統制された情緒的関与（支援者は、自分自身について自己覚知を深めながら、利用者に対する感情をコントロールし、適切に関わる）

(4) 受容（支援者は、ありのままのクライエントを理解する）

(5) 非審判的態度（支援者は、支援者の価値観や倫理観をクライエントに押しつけることのないようにし、クライエントに対して批判や攻撃をしない）

(6) 自己決定（支援者は、クライエントが自ら考えこたえを導き出せるように支援する）

(7) 秘密保持（正当な理由なく、その業務に関して知った人の秘密を漏らしてはいけない）※保育士の守秘義務「児童福祉法」第18条の22

4. 言語的・非言語的なかかわり

　話すことが得意な人もいれば不得意な人もいる。時によって、話す相手によっても変わってくるだろう。気をつけるべきは、その相手の奥にある気持ちをどう理解するのかということである。人間関係は、相互理解から成り立ち、相手を知るためには情報収集をすることが必要とされる。

　質問の方法には、閉ざされた質問（クローズド・クエスチョン）と開かれた質問（オープン・クエスチョン）の2種類がある。

　閉ざされた質問とは、はい・いいえの2択、あるいは簡単な単語で回答できる質問の仕方のことである。例：〈身近に相談できる人はいますか？〉（回答例：「はい」）、〈それは誰ですか？〉（回答例：「○○さんです」）などである。閉ざされた質問は、簡単に答えやすいというメリットはあるが、連続して受けた場合、尋問のように感じられる可能性もある。

　一方、開かれた質問とは、自由度の高い質問の仕方のことである。たとえば、〈その時、どう思いましたか？〉〈具体的にどのような状況でしたか？〉などである。開かれた質問は、思ったことを自由に言えることでたくさんの情報を収集できる可能性もあるが、反対に何を言えばよいのか迷い答えられない人もいる。状況によって、この2種類を使い分けていき、話を広げたり掘り下げたりしていくことも必要になってくる。

　また、言い換え、繰り返し、要約、支持、沈黙の技法を用いて本人の語りを受容しながら傾聴や共感的態度を示すことも大切である。支援者が話しすぎてしまうことを避け、本人の主訴を通してともに背景や課題を整理すること、その人の努力や辛さを承認すること、解決の手がかりを発見することなどに努める。

　支援者からの質問に沈黙している場合は、その沈黙がどのような沈黙（拒否、緊張や不安、戸惑い、思案など）であるのかを考え、尊重することも必要である。相談された内容に対して「頑張ってください」「あなただけではないですよ」といったような一見励ましているかのような言葉かけにも気をつけたい。このような保育者の発言は、「これ以上どうしたらいいのかわからない」といった本人の思いを保育者が理解してくれないという印象をもたれてしまうことが危惧される。

　また、言語的なかかわり以外にも重要視してほしいことは、非言語的なかかわりである。服装や姿勢、身振り、表情、しぐさ、目の動き、距離、また声の抑揚などでも相手に与える印象は大きく変わる。

5. ジェノグラムとエコマップ

　エコマップ、ジェノグラムはアセスメントツールとして、複雑なクライエントとその環境との関係を可視化し、集めた情報を整理する際、ケース全体を把握しやすくするために用いる記録の技法である。職場によって表記の仕方が異なる場合があるので注意が必要である。

(1) ジェノグラム

　ジェノグラムとは、支援する子どもや家族の関係・全体像をとらえやすいように家族構成と家族関係を1つの図中に示す「家族図」のことであり、複雑化する子どもや子どもを取り巻く環境の理解に有効である。男性は□、女性は○で表し、クライエントを二重線で表現する。また、年齢を記号内（記号外の場合もある）に記載し、死亡している場合は、■●で表す（記号内に×で示す場合もある）。婚姻関係がある場合は実線（二重線の場合もある）で結び、2本斜線（1本線の場合もある）を引くと離婚を表し、1本斜線（波線で結ぶ場合もある）は別居、内縁関係である場合は点線で結ぶ。

(2) エコマップ

　エコマップとは、本人・家族と社会資源の関係を視覚化したもので生態地図や社会関係図とも呼ばれている。本人・家族を取り巻く人間関係や制度・サービス（社会資源）などについて、全体像を確認することができる。本人を含むすべての存在を楕円や丸で表し、それらをつなぐ線の書き方によりクライエントとの関係がわかるようにする。図で可視化することにより、誰がキーパーソンとなるのかを把握しやすくなる。関係が良い場合は太線、関係が希薄な場合は点線、普通の関係であれば実線で表す。またストレスを感じる場合は波線、対立は実線に縦線を何本か引くことで表す。

参考文献

社会福祉士養成講座編集委員会編（2019）『新・社会福祉士養成講座8 相談援助の理論と方法Ⅱ』中央法規

公益財団法人児童育成協会監修（2019）『新・基本保育シリーズ⑱社会的養護Ⅱ』中央法規

小宅理沙監修（2017）『相談援助・保育相談支援』翔雲社

公益社団法人日本社会福祉士会「ソーシャルワーク専門職のグローバル定義」https://www.jacsw.or.jp/06_kokusai/IFSW/files/SW_teigi_japanese.pdf〈2021年3月11日〉

第13章 家庭養護の実際

1. 里親による養育の実際

(1) 事例の概要

母と男児の家庭で、児童は養育里親に委託となった事例である。

1) 子どもの名前

A君（2歳・男児）

2) 家族構成

母親（20歳）

3) 子どもの生活拠点、利用施設等

A君が里親委託となった経緯は次の通りである。母は高校卒業後の就職を機に実家を離れ、単身生活を始める。その後、SNSで知り合った男性と、その場限りの関係を持ってしまう。母が身体の異変に気づいた時は既に妊娠しており、就労先の勤務を続けるものの、体調不良を理由とした欠勤が続くことで、会社に解雇通告される。

退職後の母は妊娠については親族にも伝えず、市の保健センターに妊娠届も提出することなく、妊産婦としての受診を経ないまま自宅にて妊娠30週でA君を出産する。出産直後、母自らの連絡により救急搬送されるが、A君の体重は1,234gで仮死状態であったため、緊急入院となった。

病院の処置により、幸いにして生命の安全は保たれたものの、妊娠・出産に至る経緯から、病院は退院後も母がA君の養育についてネグレクトの危険があるとし、児童相談所に虐待通告した。

　虐待通告を受けた児童相談所は、A君の退院にあわせて一時保護を行った。その後母に対して、生活状況を確認し、今後A君を養育していくための支援の方向性が定まるまでは、A君は乳児院での生活を行うことが適切であると説明した。母は、自分の行ったことなので仕方がないとし、乳児院への入所に同意した。

　A君が乳児院に入所後、児童相談所は母との定期面接を続けると共に、母子関係の構築に向けて、母子面会場面を設定した。しかし、母のキャンセルが続き、母子面会は数回しか続かず、児童相談所と母との定期面接も途絶えるようになった。

　A君の乳児院への入所後1年を過ぎても、母の状況は不透明な面が多いままであったが、後に母は住み込み就労が可能な会社や工場へと雇用先を転々とし、転居を繰り返していたことが判明した。児童相談所は、母がA君を家庭に引き取るには困難な状況が継続しており、A君の社会的養護における支援も長期化が予測されたことから、A君にとって家庭的な環境にある里親家庭（養育里親）での生活を提供することが適切と判断した。こうした児童相談所の方針を母に説明したところ、母はA君が就学するまでには引き取りたい意向を示したものの、養育里親への委託について同意した。

(2) 自立支援計画

　A君が乳児院から里親家庭での生活を始めるにあたり、A君を里親委託する当初において、児童相談所が自立支援計画書を作成した（表13-1参照）。

(3) 支援の経過

　母が養育里親への委託に同意した後から、乳児院においてA君と里親との交流が始まった。乳児院での遊びや生活場面を通じて里親とA君が交流を重ねていくうちに、A君も里親夫婦の訪問を心待ちにするようになり、委託前からの関係は良好であった。

　しかし、実際にA君を委託してからの当初は、A君にとって初めての家庭的環境での生活による場所見知りや、里親夫婦以外の里親家族への人見知りが激しく、里親がA君の対応に苦慮することがあった。

　児童相談所の関わりとして、担当者である児童福祉司と児童心理司が定期的に里親家庭へ訪問し、里親にA君への関わり方等について助言支援を続けていった。ま

た里親からは、日々の生活記録や里親家庭での行事等のエピソードをA君の成長記録として作成し、A君の成長や里親自身の養育を振り返るようにしていった。

　A君については、年齢に比べて発語の増加が乏しいことから、発達面でのフォローを必要としており、今後は児童心理司による発達検査を行うことが予定されている。そのほか、里親の養育負担への支援として、里親どうしの交流の場（里親会）を紹介し、里親のリフレッシュとなる機会を設け、児童の養育負担を軽減する支援（児童を児童福祉施設にて一時預かりするレスパイトケア）の利用につなげ、A君が長期にわたって里親家庭での生活が継続していけるよう支援を行っている。

　児童相談所は、こうした長期的な支援計画のもと、就学前の家庭引き取りを目標として、里親の協力を得ながら母とA君との定期的な交流（面会・外出・外泊）が進められるよう、引き続き母への支援を継続している。

(4) 考察

　母がA君を自宅出産し、乳児院への入所から現在までの経緯から、A君にとって長期の社会的養護による支援が必要とされた事例である。

　本事例のように、長期において家庭状況が改善されない場合は、A君を委託された養育里親とA君との関係も長期に亘るため、里親がA君を養育する視点や役割も、A君の成長に応じた変化が求められる。また、実親とA君との関係構築に向けた支援についても、養育里親の大きな役割であると考える。

　自立支援計画は、里親がA君を深く理解し、自らの関わりを振り返るための記録である。また、A君の成長に伴い発生する課題について、里親がA君への養育の途上で今どの位置にいるかを知るための羅針盤ともなる。

　自立支援計画策定にあたっては、現在のA君や家庭の状況や課題を共有しつつ、各支援者がA君のよりよい成長を目的として関われるよう、定期的な見直しを重ねながら、児童相談所と里親が協働して計画していくことが重要である。

表13-1　自立支援計画書（里親想定事例）　　　　　　　　　　　　　　　　　　　　　　筆者作成

自立支援計画票

○○児童相談所

計画作成日	平成２９年４月１日

児童氏名	A	性別	男	生年月日	平成２７年１月１日 （２歳３か月）

学校名等	無所属				

保護者	氏名	B　　（母）			
	住所	○○市○○町１号の１　若草荘１号室			

里親氏名	C　・　D	委託年月日	平成２９年４月１日

委託予定期間	A君の就学前までを目処とする。就学後は母の状況を見据えて委託期間を検討する。
支援目標	中長期目標 　A君が基本的生活習慣を確立し、発達面・情緒面における健やかな成長を目指す。 短期目標 　A君が里親家庭や地域での生活に慣れるために、里親とA君との関係を深める。
実親との関係等	(1) 交流の方法 　児童相談所の指示のもと、母子交流の機会を設ける。 (2) 留意点 　母への連絡は、児童相談所の担当児童福祉司を窓口として対応する。
児童相談所の役割	（担当者　児童福祉司　○○　　　　　児童心理司　○○　　　　　） ・A君の養育に関する里親への相談支援を行う。 ・里親家庭でのA君の発達状況を確認する。 ・里親の育児負担軽減のためのレスパイトケアを適切な時期に行う。 ・母の生活状況を確認し、A君との母子交流に向けた調整を行う。
留意事項	(1) A君の抱える課題・障害の程度等 　健康面での特記事項はなし。 　言語面での発達がゆるやかなため、今後発達相談等でA君の発達面を確認していく必要がある。 (2) 学校との連携 (3) 進路等 　今年度はA君は所属に入らず、里親家庭において里親との関係を深める。 　A君の委託中は、里親のレスパイトのための支援も準備しておく。

養育報告書の提出	月１回	計画見直しの時期	平成２９年１０月

秘密保持にご注意願います。里親が行う養育に関する最低基準第11条に「里親は、正当な理由なく、その業務上知り得た委託児童又はその家族の秘密を漏らしてはならない」とあります。

児童の特徴・長所	（心理面・行動面・生活面・学習面・情緒面・対人関係面など） 　身長、体重、健康面は年齢相応に成長している。 　独歩は 1 歳頃に始まった。 　発語は 1 歳 6 か月を過ぎても出なかったが、里親家庭での生活に移ってからは、1 語文が中心ではあるが言葉の数は増えてきている。 　排泄は未自立であり、常時おしめを使用している。 　性格的には思い通りにいかないと泣き続けるなど、気持ちの切り替えができにくい面がある。 　人見知りの面もあるが、対人的な関心は高く、慣れると積極的にかかわりを求めてくる。 　追いかけっこやボールの投げ合い等、身体全体をつかった外遊びが好きである。

生育歴・生活歴	母（20 歳）は自宅にてA君を妊娠・出産し、A君は救急搬送で入院となる。病院の通告を受けた児童相談所の関与により、A君は退院後乳児院に入所する。 　本児の父は、母と一度きりの関係で終わり行方不明であり、母への親族からの支援もない。 　A君が乳児院に入所後、母とA君との面会は最初の数回のみであり、その後は母の面会はない。 　乳児院入所後 1 年を過ぎても、母にA君の引き取りに向けた話し合いが出来ていないことから、母の同意を経たうえで、養育里親への委託を決定した。	ジェノグラム（里親委託前） 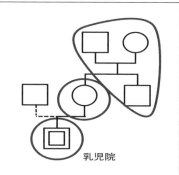 乳児院
健康面	出生時の体重は 1,234g であり、低体温とチアノーゼが認められたが、入院治療後は回復し、その後特に通院の必要はなく健康である。	
家庭環境	母子世帯である。出生後は病院から乳児院への生活に移ってからは、母とは乳児院での数回の面会以外に交流はなく、家庭において生活した経験はない。 　母はA君が乳児院に入所後は、児童相談所からの連絡がつながりにくい時期があったものの、現在は現住所地で単身生活をしている。就労状態は不安定であり、経済的に単身の生活がやっととの状況とのこと。母の実家は九州にあり、実家には母方祖父母と叔父（母の弟）が同居しているが、母と親族との関係は悪く、母自身も親族の支援を望んでいない。 　母としては、A君が小学校に入学するまでに生活環境を整えて引き取りたい意向を示すものの、状況が改善しない場合は、小学校入学以後も、里親宅でのA君の養育継続について同意している。	
児童等の意向	(1)　A君の意向 　　言葉での意向は確認できないものの、乳児院入所中における里親との交流場面では、交流を重ねるうちにA君が里親の訪問を笑顔で喜んでいる様子がうかがえた。 (2)　保護者の意向 　　A君にとって家庭的な生活環境で育ててもらいたい。 　　小学校に入るまでにはA君を引き取りたいが目途は立っていない。	

秘密保持にご注意願います。里親が行う養育に関する最低基準第 11 条に「里親は、正当な理由なく、その業務上知り得た委託児童又はその家族の秘密を漏らしてはならない」とあります。

2. ファミリーホームによる養育の実際

(1) 事例の概要

　母、継父、男児の家庭で、児童は職権による一時保護を経てファミリーホームに入所となった事例である。

1) 子どもの名前

　　Y君（4歳・男児）

2) 家族構成

　　母親（28歳）・継父（31歳）

3) 子どもの生活拠点、利用施設等

　母は数年前まで同居していた前夫（Y君の実父）との間にY君を妊娠・出産するが、Y君が1歳頃に、前夫から母へのDV（ドメスティック・バイオレンス）を理由に離婚し、その後は母子家庭としてY君を養育していた。

　Y君が3歳を過ぎてから、母は現在の継父と知人の紹介で知り合い、間もなく結婚し、3人での生活を始めた。しかし、同居当初から継父は、Y君がなつかないことを理由に、母が不在中にY君へ暴力をふるうようになり、暴力はやがて母の前でも行われるほどに、日常的なものとなっていった。

　平成28年9月○日、Y君が在籍していた保育所へ登園した際、Y君の顔面部にアザが数か所発見された。保育士がY君にアザのことを尋ねると、「パパから叩かれた」と、継父に殴られたことが話された。保育士からの報告を受けた保育所長は、すぐに市の要保護児童対策地域協議会（以下、協議会）に連絡した。連絡を受けた市の協議会は、虐待の疑いがあると児童相談所に通告した。同日、児童相談所担当者が保育所を訪問し、Y君の怪我を確認したうえで、夕刻に母がY君を迎えに来る前にY君の安全を確保して調査を行うために、職権によりY君の一時保護を行った。

　児童相談所はY君を一時保護すると、母に連絡を行ったが、母は泣きながらで話にならず、そのまま継父に電話を代わった。継父は児童相談所がY君を勝手に連れて行ったことの不満を大声でまくし立て、一方的に電話を切った。

　後日、児童相談所は母と継父を呼び出し、Y君への虐待について、確認のための

面接を行った。継父はY君が言うことをきかないことを理由とした体罰であったと主張し、虐待行為を否定した。母は継父の前では、うつむいて黙ったままであった。

　児童相談所は、引き続き母と継父に養育改善の為の話し合いについて来所を促すが、継父は以後来所を拒否し、母のみの来所が続いた。母は、当初は児童相談所の対応に不満を述べていたものの、面接を重ねることにより、継父からの日常的なY君への暴力について、母自身が見て見ぬふりをしていることを認めた。また、母からは、過去に前夫からDVがあったことや、不眠やうつ等の精神的な苦痛が長年続いていること等も話された。

　児童相談所の担当児童福祉司は、母の苦痛に傾聴しつつ、継父の虐待行為が改善しない限り、Y君が再び家庭で生活を続けることは危険であることを母に伝えた。

　また、一時保護中のY君の様子について、Y君が感情のコントロールが苦手であり、他の児童に対して手が出やすく、情緒的に不安定な面があることを伝えた。こうした特徴は、近親者となる大人から日常的に暴力を振るわれていた影響のものであり、Y君に専門的なケアが必要であることを説明した。そのうえで、Y君にとって安全であり、安心できる環境のもとで生活することが必要であることを母に伝えた。

　他に見受けられたY君の特徴として、基本的な生活習慣が身についておらず、未処置の虫歯が多いこと等から、家庭で十分に適切な養育がされていないネグレクト状態であったことも明らかになった。

　児童相談所のY君への支援方針として、生活場面を通じてY君への専門的な支援が提供される児童養護施設への入所も検討されたが、現状のY君の特徴や課題から、多くの児童が生活交流する児童養護施設では児童間のトラブルも起こりやすいことが懸念された。このため、日頃から児童養護施設と連携し、家庭的な環境のもとで少人数間の児童との交流が提供される、ファミリーホームへの入所を決定した。

　ファミリーホームへの入所については、継父は児童相談所との話し合いに応じず、継父の意向は確認できなかったが、親権者である母の同意を得て、入所措置となった。

(2) 自立支援計画

　Y君がファミリーホームでの生活を始めるにあたり、児童相談所が自立支援計画

書を作成した（表13-2参照）。

(3) 支援の経過

　ファミリーホームへの入所後しばらくの間は、一時保護所での行動観察と同様に、情緒的に不安定な面や児童間のトラブルが報告されていた。

　ファミリーホームの養育者は、こうした課題の背景において、Y君が保護者との間において、適切な愛着形成のもとで獲得されていくとされる情緒面・対人面の成長が妨げられていたことを理解し、決して一方的にY君を叱責せず、Y君の気持ちに寄り添いながら、肯定的な関わりを意識した支援を続けていった。具体的な支援としては、Y君の良い面を見つけ、積極的にほめるといった関わりを意識した。ファミリーホームの養育者による関わりにより、次第にY君から発生する対人面のトラブルは減っていった。またその過程において、Y君はもともと状況を理解する力が高く、身近な大人に対して、承認や愛情を求める面が強いことも示された。

　関係機関との連携として、地域の幼稚園においても、通園する児童の状況について日々相談できる関係を築いており、幼稚園内でのトラブルについての連絡や対応について、日頃から共有できる関係を続けていった。現在はY君も幼稚園への登園を楽しみとしており、Y君にとってファミリーホーム以外の心の安らぎとなる場所が提供されるようになった。

　保護者指導については、児童相談所が引き続き継続して関わっている。母は、継父によるY君への虐待に対する認識は持っているものの、継父を怖れており、Y君の養育改善に向けた具体的な話し合いには至っていない。児童相談所としては、母には継続的な話し合いを求め、母がY君の状況を理解し、今後の養育改善に向けた話し合いができるよう、長期的な視点をふまえた支援を継続している。

(4) 考察

　児童虐待の通告を受け、Y君を緊急一時保護からファミリーホームへの入所につないだ事例である。保護者からの虐待という過酷な環境下にあったY君であったが、Y君を保護した後も、虐待によるさまざまな影響がY君に及ぼされていたことが判明した。こうしたY君の特徴や虐待の起こった家庭背景等について、一時保護中から児童相談所で実施された各種診断（社会診断、行動診断、心理診断等）をもとに、

詳細に養育支援者と共有していくことが、今後Y君が健全に成長していくためにも、極めて重要な情報となる。

　本事例では、虐待を受けたY君の特徴を理解しつつ、少人数の児童間で家庭的な環境のもとでの関わりが必要とされたことから、ファミリーホームでの生活を始めることになった。Y君の養育者が里親家庭と同様に特定されているファミリーホームにおいても、事前にY君の養育に際し起こりうる課題等について、児童相談所と養育者が十分に話し合えるよう関係を構築しておくことが、Y君の支援にとって不可欠である。

　保護者側の虐待状況の改善が見込まれにくく、社会的養護環境での支援が長期化する場合は、Y君の成長に伴い、Y君の養育者との関係の変化や、Y君が実親に向ける思いへの配慮等、さまざまな問題が生じてくる。

　これらの長期的な支援により発生する課題についても見通しを持ちつつ、自立支援計画を軸として児童相談所とファミリーホーム養育者が定期的に点検し、共有しておくことが重要である。

表13-2　自立支援計画書（ファミリーホーム想定事例）　　　　　　　筆者作成

自立支援計画票

〇〇児童相談所

		計画作成日	平成２９年４月１日

児童氏名	Y	性別	男	生年月日	平成２４年９月１日 （４歳７か月）

学校名等	〇〇幼稚園　年中				
保護者	氏名	三笠　一郎（継父）・　三笠　かおり（実母）			
	住所	奈良市〇〇町１丁目２番３号　まほろばハイツ１号室			

施設名	ファミリーホーム〇〇	委託年月日	平成２９年４月１日

入所予定期間	実母の家庭環境も見据えての判断となるが、現時点では未定。
支援目標	中長期目標 　Y君が安心感を抱いて生活できるように行動面・情緒面での安定を図る。 短期目標 　Y君がファミリーホームでの生活に慣れる。 　Y君と養育者や他の入所児童との関係を深める。
実親との関係等	(1) 交流の方法 　安全確保のため、両親（実母・継父並びにその関係者）との面会通信は行わない。 (2) 留意点 　両親への連絡は、児童相談所の担当児童福祉司を窓口として対応する。
児童相談所の役割	（担当者　児童福祉司　〇〇　　　　　児童心理司　〇〇　　　　　） ・定期的に訪問を行い、Y君の生活状況を確認する。 ・Y君の行動面・情緒面からの状況を確認し、Y君の心理面接を平行して実施する。 ・ファミリーホームに関連する機関（幼稚園・市等）との連携を図る。 ・両親の生活状況を確認し、虐待の再発防止に向けた指導を行って行く。
留意事項	(1) Y君の抱える課題・障害の程度等 　気に入らないことがあると些細な事でも怒りすぐに手が出やすい。対人面での情緒的な問題を抱えているため、少人数の子ども同士の交流において、問題の改善を図っていく関わりが必要。 　Y君の発達状況は、境界線級から軽度の知的障害領域にあるが、両親宅での養育環境や虐待の影響も考えられるため、今後も定期的な確認が必要とされる。 (2) 学校等との連携 　幼稚園等の関係機関には、虐待を受けた児童についての情報については、守秘義務の遵守を確認のうえ連携を図る。また幼稚園での児童間のトラブルが発生した場合には、幼稚園と養育者との密な連絡を心がけるが、必要に応じて児童相談所からも幼稚園への助言指導を行う。 (3) 進路等 　ファミリーホームが所在する地域の幼稚園への転園を行う。
養育報告書の提出	月１回

計画見直しの時期	平成２９年１０月

138

児童の特徴・長所	（心理面・行動面・生活面・学習面・情緒面・対人関係面など） 　身長、体重は年齢相応に成長している。 　両親との在宅時は保育所に所属していたが、保育所への登園状況は月のうち半分程度だった。 　児童相談所が一時保護した当時は、年齢相応の基本的な生活習慣が身についていなかったが、個別指導によって一時保護の期間内に衣服の着脱、食事面での改善が認められた。 　虫歯が多く、全て未処置であったため、一時保護中に治療を開始した。入所後も継続して治療を行う必要がある。 　情緒的に不安定になりやすく、一時保護中は夜眠れないと泣き出すことが多かった。保育士が側にいると安心して眠ることが出来たので、大人の愛情を求めている面が強い。 　言葉づかいが乱暴ですぐにカッとなりやすく、遊び場面では他児とのトラブルが多く、先に手を出してしまうことが多い。被害的になりやすく、感情のコントロールが苦手な面がある。保育者が一つ一つ話を聞くと落ち着いて理解できる力はあるので、本児の気持ちに寄り添いながら、本児の良いところを認め、ほめるといった肯定的な関わりを意識した支援が求められる。
生育歴・生活歴	母（28歳）はY君を妊娠・出産してすぐに、前父（実父）とはDVを理由に離婚し、母子家庭としてY君を養育していた。Y君が3歳になった頃に、母は現在の継父（31歳）と知り合い、3人での生活を始めるが、Y君が継父になつかないことを理由に、継父からY君への暴力が行われていた。 　平成28年9月○日、保育所に登園したY君の顔面部にアザが数か所発見され、Y君から継父に殴られたとことが話された。同日、保育所からの通告により児童相談所はY君を一時保護し、Y君の安全を確保した。 　Y君への虐待については、継父は否定するも、母は継父が殴っていた場面を目撃していたことを認める。 　母には、継父の虐待行為が改善しない限り、Y君の家庭引き取りは出来ない旨を伝え、Y君を社会的養護の環境のもとで養育することを説明し、母は同意する。

ジェノグラム

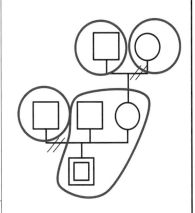

健康面	歯科治療の必要あり。
家庭環境	Y君が3歳までは母子世帯であり、それまで母は自らの精神疾患を理由に、生活保護を受給していた。継父は工場勤務であり、帰宅時間は日によって異なる。母は継父が愛情をもってY君に関わろうとする面もあることを認めつつ、継父がカッとなってY君を殴る場面はこれまでに何度もあり、母自身止められなかったことを認めている。 　母の両親は母が幼少期に離婚しており、母は父方に預け育てられたが、中学卒業を機に母は家を出ており、現在母と親族との関係はない。 　母は現在も精神疾患が疑われる話があるものの（不眠・うつ）、通院治療は受けていない。 　継父は一時保護後に児童相談所との話し合いに行っていたが、虐待行為については否定しており、現在は児童相談所との話し合いも拒否している。 　母は、継父の虐待を理由にY君を家庭引き取りは出来ないという児童相談所の説明には理解を示しているものの、母から継父との関係を見直す等といった、具体的な改善に向けた動きはない。
児童等の意向	(1)　Y君の意向 　　　家に帰りたくない。 (2)　保護者の意向（母のみ） 　　　今すぐY君の引き取りが出来ないのなら、児童相談所の方針については仕方がない。

第14章　施設養護の実際

1. 乳児院での乳児支援の実際

(1) 事例の概要

母と女児の家庭で、児童は乳児院に入所中の事例である。

1) 子どもの名前

Aちゃん（0歳6か月・女児）

2) 家族構成

母親（30歳）

3) 子どもの生活拠点、利用施設等

Aちゃんが入所に至る経緯は次のとおりである。母が交際相手の男性との間でAちゃんを妊娠したものの、男性からは認知されず、母との関係を絶って去ってしまう。その後、母は身近な支援者がいないままAちゃんを出産し、ひとりで養育を行っていた。

Aちゃんが生後4か月になり、母子保健の支援のために訪問した市の保健師に対し、母は子育てが辛く、夜も眠れない等を訴えた。また母は、「子どもの顔が逃げていった彼氏に似ている」「まったく可愛いと思えない」「子どもを殺してしまいそうになる」等と、Aちゃんへの否定的な感情も吐露した。母の深刻さを受けとめた保健師は、今後も家庭訪問を継続し母子を支援していくことを伝えると共に、養育が辛い時は、Aちゃんと離れて母の休息と安定も必要であると伝え、Aちゃんが乳児院で生活していく支援があることを説明した。母が、今すぐにでも子どもを預けたいと話したことから、保健師は児童相談所への来所相談につなげた。

表14-1　乳児院自立支援計画書　　　　　　　　　　　　　　　　　　　　　　　　　　　　　筆者作成

児童自立支援計画書

平成29年　4月　1日現在

〇〇乳児院

児童名　　　　　　　　　　　　　　　（女）　　　　　　春日　A	保護者名　　　かすが　びーこ　　　　　　　春日　B子　　　　　（続柄：　母　　）
平成28年　10月　1日生　　　（0才6ヶ月）	住所:N市〇〇町　万葉ハイツA-101
入所日:平成29年　3月　1日（0才5ヶ月）	

〇措置理由　　　　　　　　　　　　　　　　　　　　　　　　　　　　　　　　　〇〇児童相談所
母が精神的・経済的な理由で在宅での養育が困難であり、児童の生活環境として乳児院での　（担当：〇〇　　　）
支援が必要とされるため。

1、現状

①健康状態について

＜病気について＞　　感染症にかかりやすい面あり。	＜体質・アレルギー等＞　　乾燥肌になりやすい。	＜予防接種（接種済みのもの）＞・BCG・三種混合（3回目）・その他（ヒブワクチン3回・小児肺炎球菌2回、ロタウイルス2回）

＜その他＞〇病弱児Dr. 等の有・無・無し	〇注意を必要とする点・乾燥肌のケアのため肌の保湿、保護に配慮する。・気温の変化等に注意し、感染症を予防する。

②習癖等について

＜偏食・拒食＞	＜睡眠＞・眠くなると泣いてぐずることが多い。・夜19時～6時まで睡眠。午睡は30分程。	＜行動等＞・特になし。

③生活状況について

＜食事（量）＞・離乳食（1回食）は全量摂取。・ミルクは1日あたり1000cc摂取。	＜排尿＞・紙オムツ使用	＜排便＞・便通については、毎日確認できている。

＜その他＞

④あそびについて

＜一人あそび＞・玩具を触って振ったり、投げたりする。・寝返りを繰り返しながら、目に入った物を触る。	＜他児とのあそび＞・他児が側にいるとじっと様子を見ていることがある。
＜好きなあそび＞・紐のついた玩具は好きで、握って振っている。・抱っこしての散歩。	＜嫌いなあそび＞・特になし

⑤発達の状態

＜移動運動＞・寝返りは活発に行う。・ひとり座りはまだ不安定。	＜手の運動＞・玩具を持ちかえする。
＜基本的習慣＞・ビスケットやクッキーを自分で食べる。・コップからはまだ飲みにくい面あり。	＜対人関係＞・鏡に映った自分の顔に反応する。
＜発語＞・人に向かって声を出す。	＜言語理解＞・親（担当保育士）の話し方で感情を聞き分ける（禁止など）

＜発達についての評価＞・実年齢相応の発達を示している。・対人的な関心が高いので、スキンシップを中心とした関わりを行い、成長を見守っていく。

⑥保護者等について

＜面会＞
・母が入所後に2度訪問され面会あり。いずれも児童相談所担当者が面会に立ち会った。

＜一時帰省＞
・現時点では未定。

＜引取りの意志＞
・現時点では未定。
・母からの外泊希望があった場合には、児童相談所担当者に連絡のうえ、調整していく。
・母は自らの精神的・経済的な安定が整えられたら、児童を引き取りたい意志を持っている。

＜家庭状況＞
・母はAちゃんを妊娠出産後は無職となり、児童手当や貯金等で生活をまかなっていた。
・Aちゃんの実父は行方不明であり、親族から母への支援も無い状況。

⑦関係機関 （児童相談所等との連絡状況）

・児童相談所担当者とは適宜連絡している。

2、当面の課題

＜担当者が特に必要とする課題＞

○Aちゃんに対して
・児童の健康面に配慮し、感染症や乾燥肌の予防に配慮する。
・日頃からスキンシップをとり、情緒の安定を図っていく。

○保護者に対して
・母は児童の前で緊張気味のため、最初に日頃の児童の様子を保育士が母に伝える等して、和やかな雰囲気作りをはかる。
・面会に訪問される母を労い、母が前向きな気持ちで面会にのぞめるように、余裕をもって時間と場所を設定する。

＜乳児院としての当面の課題と支援目標＞

・季節の変化への対応や感染症予防等、Aちゃんの健康面に留意する。
・Aちゃんが情緒面、発達面で成長していくために、保育士とAちゃんとの遊びやスキンシップを行う。
・保護者とAちゃんとの交流の場を積極的に持ち、直接的なAちゃんへのケアを通じて、親子の愛着形成のための関係を深める。

＜中長期的課題と目標＞

・母に定期的な面会や外泊を促し、Aちゃんの成長を母と共に見守ることが出来るように、施設職員が母との関係づくりを行う。
・将来、Aちゃんが乳児院を退所し、母子の生活が再開された後も、育児相談やレスパイトのためのショートステイ等、乳児院として母への支援を積極的に行っていく。

＜児童相談所の処遇指針＞

・現時点では母の状況が不安定であるため、引き続き児童相談所が母との定期面接を継続し、母の状況について乳児院と共有していく。
・母子面会の機会を継続していきながら、親子間の関係が改善され、Aちゃんにとって必要な愛着形成となるよう、母への支援を継続していく。
・母への支援については、児童相談所担当者のみならず、市の保健師や子育て支援の相談員、乳児院の家庭支援専門相談員等の協力を得て、母がさまざまな関係者と支援関係が構築できるように働きかけていく。

　児童相談所での面接において母は、「経済的にも気持ち的にも子どもを見られない」と訴え、親族の母方祖父母からも、高齢や病気を理由に児童の養育は出来ないと言われていることを話した。担当した児童福祉司は母に対し、母の状況が改善・安定するまでは、Aちゃんが乳児院で養育されることが今は適切であるとして、母にAちゃんの乳児院入所を提案し、母は入所に同意した。

(2) 自立支援計画

　Aちゃんが乳児院での生活を始めるにあたり、乳児院は児童相談所から提供された母子の情報（入所目的・期間・支援方針等）をふまえ、母子への今後の支援に向けて、自立支援計画の作成を行った。なお、自立支援計画書の作成時期は、Aちゃんが入所してからの状況をふまえ、入所後1か月時点の記載とした（表14-1）。

(3) 支援の経過

　Aちゃんが乳児院に入所した後は、保健師の勧めもあり、母は心療内科に通院を開始した。また、保健師から紹介された市の子育て支援相談員による訪問支援を受けいれること等により、母が精神的な辛さを訴えることは目立たなくなった。

　児童相談所は、担当児童福祉司が乳児院でのAちゃんの生活状況や発育について乳児院担当者と共有し、Aちゃんの様子について定期的に母との面談において報告した。

　また、母子関係が希薄にならないよう、Aちゃんの乳児院入所当所から、児童相談所の立会いによる定期的な母子面会の場を乳児院に設けた。

　乳児院の関わりは、日頃のAちゃんへのケアだけでなく、母とAちゃんとの母子面会において、Aちゃんの食事や入浴場面等の機会を積極的に設定し、母がAちゃんのケアを通じて愛着関係を深める支援を行った。また乳児院に配属されている家庭支援専門相談員が、適宜母と個別に時間を設けて相談を行い、乳児院と母との支援関係の構築に努めた。母が乳児院への訪問を重ねるにつれ、母からAちゃんへの愛情について話題にあがるようになり、母子関係に改善の兆しが見受けられるようになってきた。

　今後もAちゃんの成長や母自身の安定を第一としながらも、母子間の愛着形成の機会が損なわれることがないよう、定期的な母子交流の場を設けつつ、関係機関が

協働しての支援が続けられている。

(4) 考察

　母が妊娠時のパートナーとのトラブル等により、出産後のAちゃんに対する拒否感情や養育に対する息詰まり感を保健師に訴えたことを機に、児童相談所につながることによって乳児院へ入所となった事例である。

　出産後の養育の危機状況を、関係機関が早期に察知し、Aちゃんが乳児院に入所したことにより、Aちゃんの安全と成長のための環境は提供された。その一方で、Aちゃんの入所後の保護者支援が重要となっていた。

　本事例では、Aちゃんが乳児院に入所後速やかに各関係機関が母への養育支援を開始したことで、母の安定につながっていった。また乳児院においては、母子面会の機会等をとらえて乳児院内の支援者（Aちゃんの担当保育士、家庭支援専門相談員）が母とつながり、母自身が親として本来の愛情を持ってAちゃんに接していけるよう、愛着関係形成に向けた支援を進めている。

　乳児院は児童の成長を担う社会的養護環境の一面だけでなく、保護者支援への役割を持つ機関である。乳児院での自立支援計画においては、各関係機関が自らの役割を明確にし、児童と保護者を協働して支援していくための計画策定が求められる。

〈事例に関するワーク課題〉
　表14-2の自立支援計画書に支援内容を記入せよ。

表14-2　自立支援計画書　　　　　　　　　　　　　　　　　　　　　　　　筆者作成

自立支援計画書

施設名　　　　　　　　　　　　　　作成者名

フリガナ 子ども氏名		性別	男 女	生年月日	年　　　月　　　日 （　　　　歳）
保護者氏名		続柄		作成年月日	年　　　月　　　日
主たる問題					

本　人　の　意　向	
保　　護　　者 の　　　意　　向	
市町村・保育所・学校・職 場　な　ど　の　意　見	
児童相談所との協議内容	

【支援方針】

第〇回　支援計画の策定及び評価　　　　　次期検討時期：　　年　　　月
子　ど　も　本　人

【長期目標】

	支援上の課題	支援目標	支援内容・方法	評価（内容・期日）
短 期 目 標 （ 優 先 的 重 点 的 課 題 ）				年　　月　　日
				年　　月　　日
				年　　月　　日
				年　　月　　日

家　庭　（　養　育　者　・　家　族　）			
【長期目標】			

	支 援 上 の 課 題	支　援　目　標	支 援 内 容 ・ 方 法	評 価 （ 内 容 ・ 期 日 ）
短期目標（優先的重点的課題）				年　　　　月　　　　日
				年　　　　月　　　　日
				年　　　　月　　　　日

地　域　（　保　育　所　・　学　校　等　）			
【長期目標】			

	支 援 上 の 課 題	支　援　目　標	支 援 内 容 ・ 方 法	評 価 （ 内 容 ・ 期 日 ）
短期目標				年　　　　月　　　　日
				年　　　　月　　　　日

総　　　　　　　　合			
【長期目標】			

	支 援 上 の 課 題	支　援　目　標	支 援 内 容 ・ 方 法	評 価 （ 内 容 ・ 期 日 ）
短期目標				年　　　　月　　　　日
				年　　　　月　　　　日

【特記事項】

147

2. 児童養護施設での子ども支援の実際

(1) 事例の概要

1) 子どもの名前

　　K君 (14歳・中学2年生　男児)

2) 家族構成

　　妹 I ちゃん (13歳・中学1年生　女児)、母親 (37歳)、伯母 M (母の姉・40歳)、祖母 F (60歳)

　　K君と I ちゃんは児童養護施設に入所中。母の家は施設から車で20分ほどの所にある。祖母と伯母は、施設から新幹線で3駅ほど離れた町で同居している。

3) 子どもの生活拠点、利用施設等

　　社会福祉法人A会は、定員60名の児童養護施設B園と、地域小規模児童養護施設Cホームを運営している。K君と I ちゃんが生活しているのは、B園のユニットの一つ、「すみれホーム」である。同じホームには、小学3年生が2人、小学6年生が1人、高校1年生が1人、生活している。

　　建物は職員室を挟んで2つのホームが繋がっている形になっており、それぞれのホームに玄関がある。職員は1つのホームをメイン担当のホームとしており、何かあった際には隣のホーム (サブ担当) の職員が手伝いに入る。子どもは原則的に職員室に入らないというルールがある。職員室とホームを繋ぐドアにはガラス窓がはめ込まれており、ホームから職員室の中に誰がいるのかはすぐに確認できる。

　　1か月に一度行っているケース会議は、繋がっている2つのホームが合同で開催する。これにより、各職員はメイン担当のホームの子どもだけでなく、サブ担当のホームの子どもについても把握でき、何かあった際のサポートをスムーズに行うことが出来る。ケース会議の議事録及びケース記録は、主任保育士と副施設長、そして施設長が目を通す。これに基づいて自立支援計画が策定される。

　　自立支援計画は、ケース担当者が策定し、主任保育士と副施設長が確認した後、施設長が決定する。定期的な見直し (概ね年に1度) を行うが、ケースの動きによっ

て、必要があれば随時見直しをする。

　2か月に1度、施設内の職員全員が参加する全体会議がある。施設全体に関わる事項についての話し合い等がメインだが、他ホーム職員にも知っておいて欲しい事（「児童福祉法」第28条の措置の子どもについての申し送り等）の情報交換と協力の場となっている。

　毎日14時半にその時施設内に勤務している全ての保育士と児童指導員が集まり、短い連絡会議をする。

4）主訴

　母の恋人によるK君とIちゃんへの身体的暴力（Iちゃんに対しては性的暴力の疑いもあり）。母の精神的不安定による子ども達へのネグレクト。

5）入所までの経過

（K君中学1年生9月）

　Iちゃんが小学校の養護教諭に「（母の恋人の）Oさんに胸を触られた」と相談し、腕にある痣を見せた。普段から忘れ物が多く、経済的な困難を抱えているような様子である一方、春から保護者に連絡がつかないことが多いIちゃんに不安を感じていた学校側は、この話を受けてすぐに児童相談所に通報した。Iちゃんから「お兄ちゃんもOさんの暴力を受けている」と話したことから、K君の中学校にも連絡があり、K君と担任が話したところ、K君がこれを認める。IちゃんとK君が家に帰る事を拒否した為、一時保護することとなる。

　一時保護について母に連絡をした直後、母から児童相談所に入電。児童相談所からの連絡を受けたことをOさんに告げ、Iちゃんの胸に触ったのか聞いたところ、Oさんは「Iは嘘をついている。偶然手が当たっただけ。あんな生意気な子どもの言うことを信じるのか」と激高し、母に対してひとしきり暴力をふるったとのことであった。母は、「子ども達のせいでOさんが怒っている。児童相談所から子どもたちを返してほしい、すぐにOさんに謝らせないといけない」と、わめくように話した。

　母が精神的に不安定である事、子ども達が帰宅したがらない事、K君とIちゃんの体に痣等が見られた事、Oさんからの暴力に関する母からのネグレクトの疑いがある事等から、子ども達は2人とも児童養護施設に入所する事となった。

6) 成育歴

K君が8歳の時、父の女性関係が原因で、両親が離婚。母はしばらくの間、複数の仕事を掛け持ちしながら、K君、Iちゃんと3人暮らしをしていた。本児の祖母Fと母の関係はあまり良くない。K君の母と父が結婚した時、祖母は大反対をしたとのことで、離婚後は何かと「ほら見たことか、やっぱり失敗した」という話をされる。それが嫌で祖母とはあまり話をしないとの事。伯母に説得された母は、しぶしぶ何度か里帰りをしたが、母も祖母も気性が激しく、顔を合わせると喧嘩のようになってしまうとの事。

伯母は、3人の暮らしを気にして時々電話をしてくる。しかし遠方であることや、伯母であるMさん自身の仕事に加え、糖尿病のために働くことが出来ないFさんの身の回りの世話もあり、あまり頼ることは出来なかった。とはいえ、K君とIちゃんは家の手伝いを積極的にしており、なんとか生活は送れていた。

K君が小学校を卒業する頃、3人の暮らすマンションの部屋に、時々Oさんが来るようになった。母の働く飲食店の客として知り合ったとの事。しばらくしてOさんは一緒に生活するようになり、なんとなく4人での生活が始まった。

3か月ほどたった頃、Oさんの勤め先が倒産し、Oさんは失業した。自暴自棄になったOさんは、昼間から酒を飲むようになった。もともと神経質なほうであったが、酔うと何かとK君やIちゃんに対して文句を言うようになった。箸の持ち方や言葉遣い、家事のやり方、勉強の内容についてまで一つ一つ指摘され、Oさんの気に障ると、殴られたり、髪を摑んで頭を振り回されたりした。母はK君とIちゃんに「あんたたちのためを思って言ってくれているのだから、ちゃんとOさんの言うことを聞きなさい」と言い、母親として子どもを守るような行動をとらなかった。家の中にOさんがいると、緊張感が増した。特にK君はマイペースでぼんやりしたところがあり、Oさんに殴られることが多かった。

7) 入所当初の本人と家族の意向

【K君の意向】

Oさんがいると嫌な事ばかりあり、つらかった。出来れば、母と妹と3人で暮らしたい。母のことは大好き。妹は頼りになると思うが、口うるさくて少し苦手。

【Iちゃんの意向】

　Oさんが来てから、私たちは不幸になった。兄はぼうっとしているから、私が
しっかりして、兄を守らないといけない。母は基本的に好きだけど、Oさんといる
母は嫌い。最近はOさんと母が結託していてつらい。

【母の意向】

　Oさんは何事も多少やりすぎることはあるが、子ども達にとって間違った事は
言ってない。Oさんも少し乱暴な自分の性格は自覚しているようだし、何よりも
「お前がきちんとしつけをしていないから、代わりにしつけているのだ」と言ってく
れている。Oさんと再婚し、4人一緒に暮らしたい。

(2) 自立支援計画

　入所当初は児童相談所が作成した援助指針に基づき支援をしていたが、入所後2
か月を機に、施設内での自立支援計画を策定した（表14–3を参照のこと。なお、表
中の「評価」は計画策定後6か月を経過した際に記入したものである）。

(3) 支援の経過

(K君　中学2年生8月)

　施設内の家庭支援専門相談員が曜日と時間を決め、定期的に電話をかけている。
この日、約束していた時間に電話をかけたが母は出ず、その後何度かかけても連絡
がなかった。4日後、母から謝罪の電話が入る。母とOさんとの関係が悪くなり、O
さんが家に帰ってこなくなり、連絡も取れなくなったとの事。これを受けて、K君
の母は大変落胆し、自暴自棄になり、一週間ほど前に薬を大量に飲んで救急車で運
ばれ、入院していたとの事（意識を失う直前に電話で話していた職場の上司が、母
のマンションの大家さんに通報した事により発見）。命が助かってよかったと伝える
と、母は「救急車で運ばれた事を、子ども達には言わないでください。きっと心配
するから」と言っていた。

　児童相談所と対応を協議。児童相談所は母と話し合い、それまで母と定期的に
行っていた面談に加え、心理治療も行うことにした。母にはうつ傾向が見られ、就
労が困難であると判断された。また母は、今回の事で職場を解雇されたとのことで、
経済的な不安を訴えた。ケースワーカーは母に福祉事務所を紹介、生活保護の申請
手続きを行った。

表14-3　自立支援計画書　　　　　　　　　　　　　　　　　　　　　　筆者作成

自　立　支　援　計　画(２０××年度)

施設名　児童養護施設Ｂ園　　　　　　作成年月日　　２０××年　　○月　○日

フリガナ 子ども氏名	K.H.	性別	㊚ **女**	生年月日	２０××年　○月　△日生 （　１３歳）
保護者氏名	K母	続柄	母	作成者	○山　△子　保育士

主たる問題	母の恋人によるK君とIちゃんへの身体的暴力。母の精神的な不安定によるネグレクト。
本人の意向	母とIちゃん（妹）と共に暮らしたいと考えているが、Oさん（自称母の婚約者）は怖い。 母がOさんの言うことを聞けというので従っていたが、本当は不本意である。
保護者の意向	少しずつでいいので、Oさんと子どもたちが仲良くなってほしい。 いずれOさんと子ども達と4人での生活をしていきたい。
市町村・学校・ 職場などの意見	学力はかなり低い。少々だらしないところがあり、真面目にしなければならない場面でも緊張感に欠け、場の空気を読まない行動がやや気になる。転校して2か月ほどたち、学校に慣れてくるにしたがって、徐々に緊張感が解けてぼんやりし始めている様子。体育の授業では周囲が驚くほど張り切る。
児童相談所 との協議内容	K母が精神的に安定しないため、定期的な面談を実施。K母が落ち着いてきたころを見計らって、面会、外出などを実施する。Oさんに対し、子ども達が怖がっている一方、母が依存的になっていることを踏まえ、今後の母とOさんの関係性、母と子ども達との関係性に注意して見守る。

【支援方針】
・学力の向上と基本的生活習慣を獲得するための支援
・「いずれ家族が支えあって生きられるようにするため」の自立支援
・母との関係性について考える支援

第　回　支援計画の策定及び評価　　　　　　次期検討時期：　　　年　　月

子　ど　も　本　人

【長期目標】
これまでの生活歴のためか、学力や生活習慣が不十分なところがあるので、一つ一つ覚えていく。

	支援上の課題	支援目標	支援内容・方法	評価（内容・期日）
【短期目標（優先的・重点的課題）】	衣服やゲーム機の使い方がだらしなく、片付けをしない。妹やホームの他の子どもから責められることが多い。	「出したら直す」片付けの習慣をつける。	毎日10分、自分の部屋を片付ける。片付け後、職員が目視確認をし、改善方法を一緒に考える。	毎日の片づけは、本人が嫌がり実施できていない。その都度の注意ばかりで、根本的な変化はあまり見られない。 ××年　☆月　△日
	文章を書く際に、助詞（て・に・を・は）の使い方がおかしい。漢字も小学校3から4年生程度のものしか使わない。	自然な文章が書けるようになる。	週に2回、担当教員と交換日記を交わす。Kが書いてきた文章の誤字脱字をチェック。	当初面倒くさそうにしていたが、最近は楽しそうに書くようになった。 ××年　☆月　△日
				年　　月　　日

心　理　面

【長期目標】
自傷行為に対して、具体的な対策がとれるようになる。
自己信頼感を高めることが出来るようなアクティビティを行う。

	支援上の課題	支援目標	支援内容・方法	評価（内容・期日）
【短期目標】	年齢の割に効く、自分の思い通りにならないと感情を爆発させてしまい、壁に頭を打ち付ける等の行動上の問題を起こす。	本児自身が自分の感情の動きを把握し、行動上の問題に出そうになった時に自らコントロールできるようなすべを身に着ける。	行動が起こった際はタイムアウト法をとる。落ち着いている時に、爆発していた時の感情について職員とともに振り返る。	タイムアウト法により落ち着く経験をする。その有効性に驚き自分なりに活用している様子。 ××年　☆月　△日
	自己評価が非常に低く、自己信頼感が弱い。そのためか、何かをやりぬく、根気よく続けるといったことが苦手。	こつこつと積み重ねることで成果が見え、自信がつくような活動を始め、自己信頼感を醸成する。	体を動かすのが好きな様子であるので、学校で体育会系の部活動に参加することを勧めてみる。	卓球部に入部。自分なりに努力して楽しんで活動に参加できている様子である。 ××年　☆月　△日

家　　庭　（養育者・家族）

【長期目標】
母と子ども達が、安定した落ち着いた関係性を築けるようになる。

	支 援 上 の 課 題	支 援 目 標	支 援 内 容・方 法	評 価（内容・期日）
【短期目標（優先的・重点的課題）】	子どもたちと母の関係調整。	母と子どもたちが、落ち着いた気持ちで会話が出来るような関係を目指す。その際、Oさんとの関係についても合意形成が図られるようにする。	母が精神的に安定するまでは面会等は控え、K君とⅠちゃんが母親との関係を見つめなおせるような話をする機会を設ける。	「お母さんに会いたい」等の意見が本人の口から出て来ている。日頃の言動からも母に対する愛着が強く感じられる。 ××年　☆月　△日
	母の精神的な不安定さ。Oさんに依存的になり過ぎ、冷静な判断が難しいように見受けられる。	母が精神的に安定する。	児童相談所のケースワーカーが定期的な面談をする一方、施設内の家庭支援専門相談員が子どもの様子を連絡しつつ、母の受け止め役をする。	児童相談所は、定期的な面談は実施できているが、母の感情の起伏の激しさが気になるとのこと。家庭支援専門相談員も同じような印象を持っている。 ××年　☆月　△日
				年　　月　　日

地　　域　（保育所・学校等）

【長期目標】
Kが精神的に安定した学校生活がおくれるような支援をする。

	支 援 上 の 課 題	支 援 目 標	支 援 内 容・方 法	評 価（内容・期日）
【短期目標】	体育は好きであるようだが、基本的に勉強は苦手。宿題をする集中力が続かない。特に数学と英語はほぼ理解できていない様子。	学校と連絡を取り合い、少しずつでも理解が進むような支援をする。「出来る」という経験を積み重ねられるようにする。	少し易しい問題を小さなプリントで日々の課題として実施することで、毎日少しずつでも達成感が得られるように工夫する。	職員が横につきっきりでいると、何とか勉強出来る。問題プリントが成果として目に見えて残るのが嬉しい様子。 ××年　☆月　△日
	新しい学校に少しずつ馴染んできている様子。しかし緊張感が緩んできたことで、逆に日々の学校生活に意欲がなくなってきたように感じられる。	学校に来ることに楽しみを見いだし、日々の生活に張り合いが出るような活動を見つける。	体育会系のクラブへの入部を勧めてみる。	卓球部に入部。自分なりに努力して楽しんで活動に参加できている様子である。 ××年　☆月　△日

総　　合

【長期目標】
・基本的生活習慣と学習習慣を身に着ける。
・親子・兄妹の良い関係性のあり方を見つけるようになる。

	支 援 上 の 課 題	支 援 目 標	支 援 内 容・方 法	評 価（内容・期日）
【短期目標】	何をするにも自分なりのペースがあり、また気分屋なところもあるので、行動にムラがある。	まずは精神的に落ち着いた生活が出来るようになる。	規則正しい生活ができるような環境設定を心掛ける。	入所から半年が経過し、生活に慣れてきているようである。おおむね精神的に落ち着いているように見受けられる。 ××年　☆月　△日
	親子ともに、今後のお互いの関係性のあり方を探っている様子。	親子と子ども達が少しでもコミュニケーションをとり、お互いの事を考えられるような機会を作る。	母と子どもたちの何らかのコミュニケーションの方法を探る。	母と、週に一度は電話で話す日を作る事とした。 ××年　☆月　△日

【特記事項】
Ⅰちゃんが母親に対して愛着を感じつつも反抗心を抱いてしまう様子。年齢相応ではあるが、K君とⅠちゃんと母の3人の関係性を意識しつつ、支援する必要がある。

施設長	統括主任	B主任	記入者

（児童養護施設平安徳義会養護園で使用しているフォーマットを基に、筆者がオリジナルの事例を作成）

　家庭支援専門相談員は家庭訪問をし、母に直接面談をした。今後の事を話し合った結果、子ども達には体調不調でしばらく面会に来ることが出来ないと伝え、落ち着くまでは引き続き電話でのみ交流をすることとなる。家庭支援専門相談員が「焦らず、ゆっくり、一緒に頑張りましょう」と伝えると、母は涙ぐんでいた。

　(K君　中学2年生11月)

　K君とIちゃんは大体1週間に一度、母と電話で話をする。K君は電話口で「お母さん大好き！　早く会いに来て！」と言っているが、Iちゃんは普通に話をし「別に来なくていいよ。体がつらいんでしょ」と言っていた。母は「Kは素直でかわいいけど、Iは女の子だから難しい」と職員に話す。職員から、Iちゃんは母の体を心配しており、彼女なりの愛情表現なのだと伝える。

　(K君　中学2年生12月)

　K君の精神的に幼い言動や、学力の低さについて、一度、精密な発達検査をうけたほうがいいのではないか、という声が職員からあがり始めた。妹のIちゃんがしっかり者で、いつもK君のフォローをするので、日常生活ではあまり目立たなかったが、よく見るとK君は勉強だけでなく、生活の様々な面で苦手なことが多いように感じられた。中学卒業後の進路について考える材料が必要であった。

　この意見を受けて、家庭支援専門相談員が母に、「K君の発達について、もう少し詳しく検査を受けさせてみたいと考えている」と話した。母いわく、小学5学年の頃に一度担任から検査を進められたことがあったという。しかし、母は本児の幼さを「優しくておっとりしているだけ」と捉え、障害があると疑った担任に対して腹が立って対応しなかったとのこと。だが、中学生になったK君が、本当に勉強が出来ない事を目の当たりにし、不安を感じていたと言い、ぜひ調べてみてほしいと訴える。担当職員は、以前と比較して、母が冷静に状況判断を出来ているように感じた。Oさんに対する執着も薄れているような印象を受けた。

　検査の結果、K君はIQ70前後で、知的にボーダーラインであると診断された。学校における個別的なサポートや、適切な支援機関の検討が有効であるとの指摘があった。

(4) 考察

　母の変化や、K君の検査結果を受けて、自立支援計画の見直しを行った結果、次

のように具体的な方針が検討された。

【物事に取り組む際の集中力や衛生観念等、社会性の獲得】

　K君は、嫌なこと、面倒なことから逃げ、物事を適当に済ませたがる傾向がある。特に掃除や片付けが苦手であり、衛生観念に乏しい一面がある。部屋は様々なものが散乱しており、ずいぶん前の飲みかけのペットボトルや食べかけのお菓子が棚の奥から出てくることも少なくない。一度、汚れて持って帰ってきた体操服を洗濯に出さずに忘れており、洗わずにそのまま学校に持って行ったことがあり、本人はこの時もあまりよくない事だと認識していなかった様子であった。自分の部屋の片づけもやはり意欲がわかない様子。

　そこで、まずは職員と共に自室を10分間、毎日片づけをする時間をとる事を徹底する。入所後しばらくやってみた際にはうまくいかなかったので、今回は何らかの工夫をしながら実施していきたい。

【親子関係のあり方の見直し】

　母が精神的に安定しつつある事、母と子どもたちの定期的な電話のやりとりが順調に続いている事などから、親子の交流のあり方を変化させてもよいのではないかと考えられる。特にK君の進路について考える事をきっかけに、母と現実的な話し合いをし、施設職員との協働関係を強化することで母が子どもへの意識を高めるきっかけになるのではないかと考えられる。

　ただし、最近のIちゃんのそっけない態度に対して、K君は少し腹を立てており、母もIちゃんに対してどう対応したらいいか迷いが出てきている様子。K君とIちゃんの関係性、子どもたちと母との関係等に配慮しつつ施設として出来ることを考えたい。

　また、母の姉である伯母が何かと気にかけてくれている様子。キーパーソンになる可能性が高い。

【K君の学習支援と進路選択支援】

　週に2回の職員との交換日記は、本人なりに楽しんで継続出来ている様子。以前より書く量は増え、文字を書くことに対する苦手意識自体は減少しているように見受けられる。しかし、記載内容にはイラストが多く、漢字や助詞の間違いはあまり減っていない。

　発達検査の結果を踏まえ、母や学校、その他関係機関とも進路に関する話し合い

表14-4　自立支援計画書　　　　　　　　　　　　　　　　　　　　　　筆者作成

自立支援計画書

施設名			作成者名		
フ リ カ ゙ ナ 子 ど も 氏 名		性別	男 女	生 年 月 日	年　　　月　　　日 （　　　　歳　）
保 護 者 氏 名		続柄		作成年月日	年　　　月　　　日
主 た る 問 題					
本 　 人 　 の 　 意 　 向					
保 　 　 護 　 　 者 の 　 　 　 意 　 　 向					
市町村・保育所・学校・職 場 　 な 　 ど 　 の 　 意 　 見					
児 童 相 談 所 と の 協 議 内 容					

【支援方針】

第○回　支援計画の策定及び評価	次期検討時期：　　　　年　　　　月

子 ど も 本 人

【長期目標】

	支 援 上 の 課 題	支 　 援 　 目 　 標	支 援 内 容・ 方 法	評 価 （ 内 容・ 期 日 ）
短期目標（優先的重点的課題）				年　　　月　　　日
				年　　　月　　　日
				年　　　月　　　日
				年　　　月　　　日

家 庭 （ 養 育 者 ・ 家 族 ）			
【長期目標】			

	支 援 上 の 課 題	支 援 目 標	支 援 内 容 ・ 方 法	評 価 （ 内 容 ・ 期 日 ）
短期目標（優先的重点的課題）				年　　　月　　　日
				年　　　月　　　日
				年　　　月　　　日

地 域 （ 保 育 所 ・ 学 校 等 ）			
【長期目標】			

	支 援 上 の 課 題	支 援 目 標	支 援 内 容 ・ 方 法	評 価 （ 内 容 ・ 期 日 ）
短期目標				年　　　月　　　日
				年　　　月　　　日

総 合			
【長期目標】			

	支 援 上 の 課 題	支 援 目 標	支 援 内 容 ・ 方 法	評 価 （ 内 容 ・ 期 日 ）
短期目標				年　　　月　　　日
				年　　　月　　　日

【特記事項】

をし、今後の支援方針を立てたいと考えている。

〈事例に関するワーク課題〉

　これまでの経過と、上記の「考察」を踏まえ、表14–4の自立支援計画の書式に、「支援方針」と「子ども自身の長期目標、短期目標」「家庭（養育者・家族）の長期目標、短期目標」などを記入、作成してみよう。

［コラム］子どもへの性的虐待——影響と援助

　子どもへの性的虐待とは、「児童にわいせつな行為をすること又は児童をしてわいせつな行為をさせること」（「児童虐待の防止等に関する法律」）である。わいせつな行為とは、「いたずらに性欲を興奮・刺激させ、普通人の正常な羞恥心を害し、善良な性的道義観念に反する」行為のことである。わいせつな行為には、ディープキス、身体への性的愛撫、性器への接触、口腔性交、性交などの接触的行為のほかに、露出行為や性的言い寄り・誘いなどの非接触的行為も含まれる。わが国の同法律では子どもへの性的虐待は「保護者」による行為に限定されているが、国際的通念では保護者以外による行為も性的虐待に含まれる。

　2015(平成27)年度の児童相談所における性的虐待の相談件数は1,518件であるが、女性のトラウマを考える会が実施した調査によれば、女性における非接触的被害を含む子ども時代の性的被害の経験率は53.8％であったから、上記件数は氷山の一角にすぎないと推定できる。なお、性的虐待の加害者は男性が、被害者は女性＝子どもが圧倒的に多いので、性的虐待は男性加害者から女性＝子どもに向けられる虐待行為だという色彩が強い。

　子ども時代の性的虐待は被害者に長期にわたる甚大な影響を及ぼす。性的虐待の結果、被害者は、セクシュアリティ（性的感情・認識）が混乱させられ、裏切られたという気持ちになり、無力状態に陥り、また汚れてしまったという感情に染められる。これらが原動力となって被害者は大きなトラウマ（心的外傷）を背負う。そして、トラウマを背負った被害者にはPTSD（心的外傷後ストレス障害）や複雑性PTSDなどの精神症状のほかに、自傷・自殺未遂の繰り返し、薬物などへの依存症、摂食障害、家出・非行などの逸脱行動、虐待体験の再演、性化行動、無差別的性行動など行動面でのさまざまの障害が発症しうる。

　性的虐待による長期的影響を防止するには早期発見と的確な援助が不可欠である。援助のポイントは以下のとおりである[1]。①「心身の安全」が守られる環境の保障。②その上での被虐待児の話の「共感的傾聴」。傾聴するに当たっては否定せず、分析せず、助言せず、ただ共感して相手の感情を認めてあげることが肝要[2]。③社会的不適応行動があればこれの修正と適応行動の構成を援

助すること。④トラウマワーク。西澤哲の説に従えば[3]、これは次の３つの段階をたどる。トラウマ経験を心の中で蘇らせ再度体験することで、凍りついたトラウマを溶解する「再体験」。解凍されて蘇ったさまざまな感覚や感情を心の中にとどめておくのではなく外に向かって解き放つ「解放」。トラウマとなった体験を意識の中に取り戻し、それを自己の中に再度組み込んで構造化する「再統合」。以上のステップを経ることによって、凍結されたかたちで今の自分に影響していた過去の体験が、「過ぎ去った過去」となる。⑤虐待の捉え直し、及び人生の意味の再検討。被虐待経験が自分の人生にとって持つ意味づけを変更するとともに、その経験を自分の歴史の一部として組み込んだ上で人生の意味を再検討する[3]。その場合、辛い過去の経験が往々にしてこれからの人生の展開のための資源として位置づけられる。ここでは自分と社会との関係の再構築も重要課題として検討される。

参考文献

1) 阿部計彦 (2001)『ストップ・ザ・児童虐待』ぎょうせい

2) 森田ゆり (2008)『子どもへの性的虐待』岩波書店

3) 西澤哲 (1997)『子どものトラウマ』講談社

3. 児童心理治療施設（旧・情緒障害児短期治療施設）での子ども支援の実際

(1) 事例の概要

1) 子どもの名前

　　K子ちゃん（6歳・女児）

2) 家族構成

　　母親（30歳）、父親（40歳）

　　K子ちゃんの近所の住人から、父は仕事の関係か時々しか家に帰らず、母は毎日入れ代わり立ち代わり男性を家の中にあげ、売春でもしているのではないかと児童相談所に通告があった。K子ちゃんは小学校にあまり行かず、自宅にいることも多いため、母の売春行為の時にどうしているか心配とのことであった。そこで、母と父に児童相談所が話をつけ、K子ちゃんは緊急一時保護された。

3) 子どもの生活拠点、利用施設等

　　社会福祉法人C会では、入所定員が50名で、通所定員が10名となっている。入所児童は敷地内の学校に通い、規則正しい生活をし健康的な生活習慣を身につけながら、その他の時間は余暇時間としてそれぞれ学習や友達との遊びなど自由に過ごしたり、セラピーを受けたりして過ごしている。

　　個室で生活をするが、食事は皆で集い食べている。レクリエーションや軽い運動ができるロビーがあったり、卓球台があったりもする。

　　日々子どもと関わるのは、保育士や児童指導員をはじめ、教員や心理士（セラピスト）、医師などである。

4) 主訴

　　父は家にほとんど帰宅せず、母は毎日自宅で売春している。小学校1年生のK子ちゃんは、小学校を休む日も多く、登校しない日は家にいる。つまり、K子ちゃんが家にいる時、母が売春中も同じ場所にいることになる。児童相談所職員が母に売春のことや、その際K子ちゃんはどうしているのか質問すると、これは売春ではな

く、複数の彼氏との交流にすぎないとのことで、性行為の時はＫ子ちゃんを押し入れの中に閉じ込めているからＫ子ちゃんは性行為を目にすることはなく大丈夫だと母は主張する。

　しかし、Ｋ子ちゃんは同年齢の子どもと比べ身長・体重の伸びも悪そうで、言葉の遅れも見られ、唾吐きもしょっちゅうある。そこで、性行為を見聞きしている可能性もあるとし、性的虐待の疑いとネグレクト状態であることから、児童相談所にて一時保護した。

5）入所までの経過

　Ｋ子ちゃんは、小学校に入学するまで幼稚園などにも通っておらず、父は時々しか帰宅しないため、ほとんどの時間を母子で過ごしていた。ところが、男性が日中出入りしているのが近所の人の目につくようになり、父とは別の男性ではないかと噂になり始めた。しかも、よくよく注意をして見ると、日中家に出入りする男性は日によって異なる。そして、複数の男性が出入りする頻度も日に日に増え、Ｋ子ちゃんのことを気にする近所の住人は、児童相談所に通告しようか迷った。

　Ｋ子ちゃんが小学校に入学し、小学校に登校中の売春であれば目をつぶっておこうと思った時期もあったが、Ｋ子ちゃんは小学校に通っていない様子である。すると、Ｋ子ちゃんの目の前での母の売春行為はこの先も継続する可能性が高いことから、いよいよ近所の住人が児童相談所に通告した。

　児童相談所職員は小学校に連絡を入れると、休みが目立つＫ子ちゃんのことが気になっている担任が家庭訪問しようと思っていることが分かった。そこで、担任と児童相談所職員は一緒に、最初はＫ子ちゃんの不登校の件で話を切り出すことにした。母は、Ｋ子ちゃんの不登校のことをそれほど問題視していない様子であった。そこで、児童相談所職員が継続してかかわることとなり、Ｋ子ちゃんの身長・体重の伸びが悪いこと、唾吐き行為が目につくこと、そして、Ｋ子ちゃんの目の前で売春行為をしているのではないかと話を切り出した。母は、まず売春ではなくこれは恋愛だと言い張り、性行為の時はＫ子ちゃんを押し入れに閉じ込めているため、何の問題もないと発言した。そこで、Ｋ子ちゃんは緊急一時保護されることとなった。

　児童相談所職員は父とも何とか面会し、母のこととＫ子ちゃんのことをどのように考えているか話を切り出した。すると、家に複数の男性を引きずり込む行為はＫ

子ちゃんが生まれる前からのことで、一種の病気のようなものであり、また母に知的障害がある可能性もあると考えており、K子ちゃんが自分の子どもである証拠もないため、母とは離婚し、K子ちゃんを養育していくつもりもないと語った。

　K子ちゃんは一時保護された途端、唾吐き行為がなくなり、少しずつ食事の量も増えていった。順調に身長・体重が増えていく期待もでき、また言葉の数も少しずつ増えてきた。唾吐き行為が止まったことや、食欲がでてきたことから、一連のK子ちゃんに関する問題行為は、性的虐待などが原因だと判断された。唾吐き行為は止まったものの、人への警戒心や夜熟睡できていない様子から、丁寧なかかわりとセラピーが必要であり、児童養護施設ではなく、児童心理治療施設（旧・情緒障害児短期治療施設）への入所が決定した。

6) 入所当初の本人と家族の意向

　【父の意向】

　母とは離婚を考えており、K子ちゃんを引き取る気もない。行政の思うように好きにしてくれればいい。

　【母の意向】

　自分は何も悪くなく、K子ちゃんにもご飯を食べさせ、男性との性行為も見せないよう押し入れに閉じ込めるなど配慮してきた。しかし、施設で預かってくれるならこちらとしても楽なため、すぐに連れて行ってくれていい。

　【K子ちゃんの意向】

　何を問いかけても言葉での返答はなく、児童相談所職員を睨んでいるような様子があった。しかし、一時保護所に一緒に行こうと職員が声をかけると、すんなりついてきた。

(2) 自立支援計画

　入所当初は児童相談所が作成した援助指針に基づき支援をしていたが、入所後2か月を機に、施設内での自立支援計画を策定することにした。

　〈事例に関するワーク課題〉

　自立支援計画書に支援内容を記入せよ（表14-5）。

表14-5 自立支援計画書　　　　　　　　　　　　　　　　　　　　　　筆者作成

自立支援計画書

施設名　　　　　　　　　　　　　作成者名

フリガナ 子ども氏名		性別	男 女	生年月日	年　　月　　日 （　　　　歳）
保護者氏名		続柄		作成年月日	年　　月　　日
主たる問題					

本 人 の 意 向	
保　　護　　者 の　　　意　　向	
市町村・保育所・学校・職 場　な　ど　の　意　見	
児童相談所との協議内容	

【支援方針】

第〇回　支援計画の策定及び評価	次期検討時期：　　　年　　　　月

子 ど も 本 人

【長期目標】

	支 援 上 の 課 題	支　援　目　標	支 援 内 容・方 法	評 価（内 容・期 日）
〔短期目標（優先的重点的課題）〕				年　　月　　日
				年　　月　　日
				年　　月　　日
				年　　月　　日

家 庭 （ 養 育 者 ・ 家 族 ）				

【長期目標】

	支 援 上 の 課 題	支 援 目 標	支 援 内 容 ・ 方 法	評 価 （ 内 容 ・ 期 日 ）
【短期目標（優先的重点的課題）】				年　　　月　　　日
				年　　　月　　　日
				年　　　月　　　日

地 域 （ 保 育 所 ・ 学 校 等 ）				

【長期目標】

	支 援 上 の 課 題	支 援 目 標	支 援 内 容 ・ 方 法	評 価 （ 内 容 ・ 期 日 ）
【短期目標】				年　　　月　　　日
				年　　　月　　　日

総 合				

【長期目標】

	支 援 上 の 課 題	支 援 目 標	支 援 内 容 ・ 方 法	評 価 （ 内 容 ・ 期 日 ）
【短期目標】				年　　　月　　　日
				年　　　月　　　日

【特記事項】

(3) 支援の経過

　K子ちゃんは施設での生活に慣れ、敷地内の小学校にも毎日通い、食欲もでてきた。言葉数がなかなか増えないことが気がかりであったが、セラピーの場面において少しずつ言葉数が増えてきた。家での生活のことを「こわい」と表現できるようになり、家に帰りたいかという質問に対しても、「ここ（施設）でならママに会いたい」と、自分の気持ちをセラピストに伝えられるようになってきた。

　日常生活におけるコミュニケーションは、同じ施設で暮らす年上のお姉ちゃんから遊んでもらうようになり、言葉の数は劇的には増えないものの、笑ったりと表情がでてきた。

　施設入所後は、一度も嘔吐きはなく、夜もだんだんと熟睡できるようになった。

　K子ちゃんが「ママに会いたい」と発言したこともあり、施設での母子面接を設定した。しかし、母子面接当日、母からは連絡もなく、結局その日に母が施設にやって来ることはなかった。施設が児童相談所と連絡を取り、児童相談所が自宅訪問すると、母は「忘れていた」と言った。以前、離婚したK子ちゃんの父親が、母に知的障害の可能性があると言っていたこともあり、母には療育手帳を取得することをすすめた。母との話の中で、離婚後生活費に困っていること、K子ちゃんに会いに施設へ行くための交通費も無いこと等が判明した。そこで、将来的に経済的自立ができるよう母には職業訓練校に通うことを提案した。母の、複数の男性との性関係が改善されず、職業訓練校への遅刻等があったため、職業訓練に通う時間帯には男性に会わないよう指導した。また、K子ちゃんへの面会も難しいようなら、まずは手紙を送ることから始めようと提案された。

　K子ちゃんは、母から手紙を受け取り、そのことがよほど嬉しかったのか、その日から言葉数が増えてきた。枕元に母からの手紙を置いて眠るようになり、夜も熟睡できるようになった。なかなか思うように増えなかった身長・体重も、徐々に伸びが見られてきた。ただし、まだK子ちゃんが人を警戒している様子はあった。施設内においても、会話を交わせるのは、特定の職員と特定の友達であった。

(4) 考察

　K子ちゃんは、まだ何も判断がつかない頃より、自宅で母と複数の男性との性行

為を見聞きし、唾吐きをすること、言葉がでず人と会話ができないこと、身長・体重が伸びないことなど、様々な問題を抱えていた。このような環境から、父が救い出してくれることもなく、離婚して姿を消した父からは見捨てられたという感覚が残っていた。その上、母も施設での面会に来なかったりと、不安定な状況が継続していた。このような中、性行為を見聞きすることのストレスや恐怖心から解放されたのか、不安定な要素が残ってはいたものの、唾吐きはすぐに止まった。

　夜もなかなか熟睡できていない様子だったが、何とか毎日小学校に登校するリズムが作れた。日中の行動量が増えたこともあり、食欲も徐々に増え、夜も少し眠れる時間が長くなっていった。しかし、なかなか身長・体重が伸びず、人ともあまりコミュニケーションがとれていなかった。このような中、セラピーという場面において、しっかりと丁寧にコミュニケーションを重ねることにより、セラピストには徐々に自分の気持ちを言葉で伝えることができてきた。施設での友達関係も、特定の友達ではあるが、以前よりは一緒に遊んだりする様子、笑うなど表情がでてきたことが見られてきた。

　母からの手紙を受け取った後、K子ちゃんの状態は良い方向へ向かい、身長・体重が伸びていったこと、夜、熟睡できるようになったことなど、改善が見られた。K子ちゃんは、家にいても母に関わってもらうことも少なく、母の意識は男性に向いていたこと、父も時々しか帰宅せず、離婚時にK子ちゃんとは今後会わないと言っていたことより、両親から見捨てられたという気持ちになっていたかもしれない。このような状態の中、たった一通の母からの手紙ではあるが、母の意識がK子ちゃんに対して初めて向けられたと感じたのか、安心したのか母の手紙を枕元に置いて寝ると、熟睡できるようになった。そしてK子ちゃんは、母から手紙が届いたことにより大きな不安や恐怖心から解放されたことをきっかけに、ようやく身長・体重が増えてきたのである。

4. 児童自立支援施設での子ども支援の実際

(1) 事例の概要

1) 子どもの名前

　C君（16歳・高校2年生　男児）

2) 家族構成

　妹Rちゃん（11歳・小学校5年生　女児）、母親（37歳）

　C君は児童自立支援施設に、妹Rちゃんは児童養護施設に入所中である。もともとは母と、兄と妹の3人で暮らしており、住まいは妹Rちゃんが入所している児童養護施設から車で20分ほどの所にある。

3) 子どもの生活拠点、利用施設等

　家庭的雰囲気の寮舎で、保護者に代わる専任職員（夫婦制）と寝食を共にしながら生活する。児童は集団生活の中で自律的・協調的な気風を身につけていく。毎日それぞれが責任を果たし、規則正しい生活を送りながら、お互い人のことを思いやれる人間関係を学ぶ。

　小学生・中学生は日中は施設内にある学校に通学し、義務教育を受ける。中学校を卒業した児童は、外部の一般校へ通ったり、施設内の高等部に通うことになる。

　C君は、不登校だったこともあり、施設内の高等部に通うこととなった。一日中ゲームをして過ごし、身近な妹を「性欲処理」の対象として傷付けていた生活とは一変し、寮舎の清掃はもちろん、食事の配膳、あるいは花壇づくりなどにも参加し、また、施設内のサッカークラブにも参加し、社会性を養う活動に取り組むこととした。

　社会的な責任ある行動を身に付けることはもちろん、最大の目標は、妹など自分よりも立場の弱い者への暴力は許されないこと、自分さえよければそれでよいのではなく人の痛みが分かること、これらのことを理解し行動できるようになることである。

4) 主訴

　母はシングルマザーのため、朝も昼も夜も働き、家にもほとんど帰ってこない。母が留守の時も多いため、食事も不規則で、兄も高校へ登校せず家でゲームをし続ける日も多々ある。妹Rちゃんは小学校へ何とか登校していくものの、髪を洗っていない、あるいは毎日同じ服をきていること等より、ネグレクトされているのではないかと、小学校より児童相談所へ通告があった。妹Rちゃんに話を詳しく聞いていくと、ネグレクト状態の環境のもと、兄からの性的暴行の疑いがでてきた。

　児童相談所が母と面接するも、母は「うちの家庭のことに口を出さないで」という。兄から妹への性的暴行を見て見ぬふりすることは、母のネグレクトに値するという内容を伝えるも、「それも家庭のこと。他人に口出しされたくない」「妹のRが嫌がらないのが悪い。兄のCが責められるのがかわいそう」と、加害行為をする兄を正当化しようとする。

　母は、妹Rちゃんが家庭分離されることにはあっさり同意し、Rちゃんはすぐに児童養護施設入所となった。一方、兄からは、自分の性的加害行為について反省の意識が全く見られないため、児童自立支援施設への入所となった。

5) 入所までの経過

　高校2年生のC君と、その妹で小学校5年生のRちゃんは、両親が離婚し、母親と3人で暮らしていた。母は、朝も昼も夜も働かなければ家計を支えることができず、家にはほとんどいない。兄のC君は高校にも行かず、アルバイトもせず、自宅でゲームばかりしている。妹のRちゃんは小学校には何とか登校するものの、服装やお風呂に入っていないこと等、友達からからかわれ、担任も気にかけていた。担任からRちゃんへの毎日の声かけから、家ではほとんどご飯を食べていないこと、お風呂に入っていないこと、洗濯してくれる人がいないこと、などネグレクト状態であることが疑われた。担任が兄についてRちゃんにたずねてみると、高校には行っていないこと、特にアルバイトもしていないこと、料理や洗濯をするわけでもなくゲームばかりしていることが分かり、さらには、Rちゃんが寝ている布団の中に入ってきて「毎晩、嫌なことをされる」とのことであった。そこで担任が学年主任や校長へ報告すると、Rちゃんへのネグレクトと、兄からの性的暴行の疑いから、小学校はすぐに児童相談所へ通告した。

　児童相談所が母親と何とか面会し、ネグレクト状態にあることを指摘すると母は、「シングル家庭のため、働かなくてはならない。他人に口出しされる筋合いはない」と強い口調で返してきた。次に、兄のC君が妹Rちゃんへ性的暴行している事実を伝えると、「Rが本当に嫌なら私や担任に言うはず。だいたい、家庭のことに細かく口出しされたくない」と言った。児童相談所職員は、「お母さんが言うように、Rちゃんは（兄からの性的暴行が）嫌だったため、担任に話をしたのでしょう。日々の食事や洗濯、お風呂の準備も難しいようなら、Rちゃんが児童養護施設に入所することが可能です」と伝えた。すると母親は、「私やお兄ちゃんが悪く言われてCもかわいそう。Rなんて、すぐに連れて行って下さい」と言ったため、同意によるRちゃんの児童養護施設への入所が決定した。Rちゃんはその日に児童相談所へ一時保護された。

　一方、兄の妹への性的暴行は「家庭の勝手」「性的自由」に値しないこと、母親が見て見ぬふりをするなら、それは母親のネグレクトに値することを児童相談所職員が伝えた。児童相談所職員は母と何度も面会を繰り返し、兄の行動も今のうちに修正する必要があることを伝え、最終的には児童自立支援施設への入所が決定した。

6）入所当初の本人と家族の意向

　【C君の意向】

　妹が性行為に同意していたため、自分が施設に入所させられる意味が分からない。母だけは自分をかばってくれると信じていたのに、施設入所に同意した母のことも信用できなくなり、自宅にいるのも嫌になり仕方なく施設に入所した。

　【Rちゃんの意向】

　お母さんが家にあまり帰って来ないことも、学校でからかわれることも、兄から毎晩嫌なことをされるのも、全て嫌だったため、施設に入所できることが嬉しい。洗濯や料理の仕方を教えてもらって、早く一人で暮らしたい。

　【母の意向】

　Rが児童養護施設に行くのは別にかまわないが、兄のCを早くかえして欲しい。こんなにがんばって一日中働いているのに、家のことを全くしないRが一番悪い。RがCに嫌だと言えば、性的な関係にもなっておらず、Cが施設送りになることはなかった。

(2) 自立支援計画

　入所当初は児童相談所が作成した援助指針にもとづき支援をしていたが、入所後2か月を機に、施設内での自立支援計画を策定した。

(3) 支援の経過

　C君は、入所当初、朝、時間通りに起きることが困難で、清掃のやり方も全く知らず、高校へ登校しても集中して授業を受けることもできなかった。そこで、まずは、生活を立て直すことを徹底し、規則正しい生活リズムを作ることから始めた。

　母親は、C君とRちゃんがそれぞれ施設入所となった当初、家族がバラバラになったのはRちゃんが悪いと主張していた。そこで、Rちゃんが悪いのではなく、直接的な加害行為をしたC君ももちろん悪いが、その状態をネグレクトしていた母親自身にも責任があるという自覚を持たせる支援から始めた。C君の性暴力行為には、忙しく一日中仕事をしている自分が気付くことなど不可能だと母親は主張し続けたため、まずは、朝も昼も夜も働き続けてきた母親の苦労に共感することから始めた。子どもに関わる時間や家事をする時間が全く取れないほど大変な状況であるならば、生活保護という制度があることなど社会資源についての話なども重ねた。つまり、子どもたちの日常の様子を全く確認できないくらいの状態であるなら、生活保護を受給してでも、子どもに関わる責任が保護者にはあることを説明し続けた。これまで自分なりに頑張ってきたことを否定された気になるのか、保護者としての責任が果たせていなかったことをなかなか認められない様子であった。

(4) 考察

　家庭の中という密室で行われる性暴力の発見は、困難なことも多い。Rちゃんの場合は、ネグレクト状態であったことから、ネグレクトの話をきっかけに担任がRちゃんと深く関わることができたため、性暴力の事実が判明できた。表面的には何の問題もなさそうな家庭内における性的虐待の発見は、その発見が遅れたり、発見されることなく子どもが成人してしまう場合も多い。

　そして、家庭内での性暴力の被害児童は、被害児であるにもかかわらず、家族か

表14-6　自立支援計画書

自立支援計画書

施設名　　　　　　　　　　　　　作成者名

フリガナ 子ども氏名		性別	男 女	生年月日	年　　　月　　　日 （　　　　歳）
保護者氏名		続柄		作成年月日	年　　　月　　　日

主たる問題	
本　人　の　意　向	
保　　護　　者 の　　　　意　　　向	
市町村・保育所・学校・職 場　な　ど　の　意　見	
児童相談所との協議内容	

【支援方針】

第〇回　支援計画の策定及び評価　　　　　次期検討時期：　　年　　　月

子　ど　も　本　人

【長期目標】

	支援上の課題	支援目標	支援内容・方法	評価（内容・期日）
短期目標（優先的重点的課題）				年　　月　　日
				年　　月　　日
				年　　月　　日
				年　　月　　日

家　庭　（　養　育　者　・　家　族　）			
【長期目標】			

	支　援　上　の　課　題	支　援　目　標	支援内容・方法	評価（内容・期日）
短期目標（優先的重点的課題）				年　　　　月　　　　日
				年　　　　月　　　　日
				年　　　　月　　　　日

地　域　（　保　育　所　・　学　校　等　）			
【長期目標】			

	支　援　上　の　課　題	支　援　目　標	支援内容・方法	評価（内容・期日）
短期目標				年　　　　月　　　　日
				年　　　　月　　　　日

総　　　　合			
【長期目標】			

	支　援　上　の　課　題	支　援　目　標	支援内容・方法	評価（内容・期日）
短期目標				年　　　　月　　　　日
				年　　　　月　　　　日

【特記事項】

ら非難されることがしばしばある。この事例においても、C君はRちゃんが同意していたと主張し、母親も嫌だと言わないRちゃんが悪いと言っている。しかし、Rちゃんは同意していたわけでも、嫌だと兄に言わなかったわけでもない。このような被害児に対して、同意していたと解釈することは、あまりにも自分の都合のよい解釈だと言える。また、強制性交等罪の条文は、「13歳以上の者に対し、暴行又は脅迫を用いて性交、肛門性交又は口腔性交（中略）をした者」「13歳未満の者に対し、性交等をした者」とあり、13歳未満の児童へは暴行や脅迫がなかったとしても、強制性交等罪が成立する、つまり女児が同意していたと主張したとしても、どのような場合においても強制性交等だということになる。

　以上の内容を、母とC君が理解するまでは、Rちゃんが家庭に戻ることはできない。C君に関しては、法律的な側面からのみではなく、いかに自己中心的な行動であったか、つまりRちゃんが嫌な思いをしても、あるいはRちゃんが暴行により怪我をしたとしても、自分さえよければよいという考えのもと、妹を思いやることが一切なかったことを自覚させる支援が必要となる。最終目標は、性暴力をめぐる問題行動の改善ではあるが、現時点で、基本的な生活習慣が身についていないことから、まずは規則正しい生活リズムを作ることからスタートした。

〈事例に関するワーク課題〉
　自立支援計画書に支援内容を記入せよ（表14-6）。

［コラム］児童養護施設からの大学進学

潮谷光人

　児童養護施設から短期大学に進学し、現在は障害者支援施設での生活介護で働いている犬伏未乃莉さんに大学進学のことについて話を訊いた。

潮谷：まず大学に進学して、保育や福祉を勉強しようと思ったきっかけについて教えてもらえますか。

犬伏：自分のいた児童養護施設の職員の中に、自分もこうなりたいと思えるような方が2人ぐらいいて、自分もあんな風に施設で働けたらなと思うようになったことがきっかけです。

潮谷：どんな職員の方だったのですか。

犬伏：いつも笑顔で優しくて、真剣に何時間でも話を聞いてくれる職員さんです。その方から、大学進学を勧められ、保育士だけではなく社会福祉士も取ったほうがいいとアドバイスを受けました。

潮谷：そうなんですね。それで2つの資格が取れる短期大学を目指したということですね。大学進学にあたって、困ったことがあれば教えてもらえますか。

犬伏：一番はお金のことです。大学の学費や生活のために少しでもお金を貯めようと、アルバイトを高校3年間頑張りました。施設の紹介で夕方から飲食店で働いて、だいたい100万円ぐらい貯めましたね。施設からのお小遣いもあったんで、ほとんど使わず貯めていました。

潮谷：アルバイトを施設が紹介してくれたんですね。

犬伏：施設のことも知った上で雇っていただいたので、働きやすかったですし、調理を手伝ったりして自立への準備にもなったと思っています。

潮谷：大学進学にあたっては、ほかに準備したお金ってありますか。

犬伏：施設から退所にあたって20万円ほどいただいたのと、奨学金を出してくれる財団や企業などに応募して、2か所から10万円ほどいただきました。

潮谷：だいたい130万円ぐらい準備して入学したんですね。お金以外で高校時代、準備したことってありますか。例えば、さっき話していた自立のことで、炊事、洗濯、掃除など身の周りのことができるようになるとか、行政などの手続きを理解するとか。

犬伏：身の周りのことは施設入所前から自分でやってきてたんで、施設の中で練習したりみたいなことはなかったですね。行政の手続きは施設の方に教えてもらったりしてたけど、医療保険の手続きが遅れて大学入学後ずいぶん経ってからしました。

潮谷：施設の時の公費負担医療受給資格を喪失し医療券による取り扱いがなくなり、医療保険に新規加入しないといけないから、手続きに時間がかかったんですね。病気になったときに必要だから、早く手続きしないと大変なことになりますね。ところで、受験勉強とかは大丈夫でしたか。

犬伏：大学の受験勉強は指定校推薦だったこともあって、正直そんなに頑張ってないです。それより私は高校受験のときが大変で、中学までほとんど勉強していなかったんで、中学生の時に小学校の内容からやり直して、必死に勉強しました。

潮谷：そうなんですね。勉強は施設の方が教えてくれたのですか。

犬伏：施設の方や学習ボランティアの方も教えてくれましたが、塾に通っていましたね。

潮谷：塾に行ってたんですね。当時は、塾への行政からの補助金もなかったから、施設が塾と連携して通わせてくれたんですね。それでは、大学入学後の話を聞かせてくれますか。大学入学後に気をつけていたことはありますか。

犬伏：やっぱり、お金の管理ですね。準備していたお金は、学費、アパート代、家具、衣類、生活費なんかですぐになくなっていきました。そのため、日本学生支援機構の奨学金を１種と２種合わせて１１万円ほど借りていたのと、アルバイトで７万円ほどもらっていました。

潮谷：アルバイト７万円というのは大きいですね。

犬伏：このアルバイトも施設が紹介してくれたアルバイトで、キャンプ場のお手伝いをしていました。子どもたちとレクレーションしたり、調理を手伝ったりと楽しかったです。それと、大学の紹介で障害者のグループホームでアルバイトをしていました。

潮谷：2017年度から施設から大学に進学する学生には、給付型の奨学金制度が始まったけど、当時はなかったし、それがあったとしても、奨学金だけで生活することはできないからアルバイトは必須ですよね。ほかに大学時代に困ったことはありましたか。

犬伏：自分はあまり関係なかったけど、施設から進学している学生をみると生活管理が上手くいっていないと感じることがありました。友達のたまり場に

なったり、お金を使いすぎたり、アルバイト漬けになっていたり、昼夜逆転していたりと自己管理が難しい状態になっている子が多いように思いました。

潮谷：自分ひとりだけで生活を管理していくことはやっぱり難しいですね。

犬伏：私の場合、困ったときは、施設も近くにあったし、先生にもすぐ相談してたんでよかったです。

潮谷：相談できる人や場所があるって大事ですね。施設から出て一人で問題を抱え込むというのは、本当に誰も周りにいない環境になってとても苦しい生活状況になりますね。最後に犬伏さんの今後について教えてもらえますか。

犬伏：最初は子どもの施設で働きたいという気持ちが強かったんですが、障害のある方との出会いから、障害者の施設で働く楽しさに目覚めて就職しました。今は、社会福祉士の資格を取って、障害者の方の自立や家族の支援をしていきたいと思っています。いろんな方との出会いが本当に楽しいので、これからも福祉の仕事を続けていきたいです。

　現在、児童養護施設の学生における大学や短期大学、専門学校などへの進学率は22.3%となっており、全国平均の進学率76.9%に比べると大幅に少ない状況となっている。つまり、児童養護施設のたくさんの子どもたちが、お金の問題をはじめ様々な現状から進学を諦めているのである。そのような状況のなか、日本学生支援機構の給付型奨学金制度をはじめ、企業や自治体などによる学費、生活費への支援が行われつつある。また、22歳までの措置延長やひとり暮らしをした際の家賃補助なども実施されるようになってきている。

　しかし、忘れてはならないことはお金だけではなく、進学に向けてのイメージづくりや準備を自立支援として施設で行っていくこと、進学してからも子どもを支えていく施設のアフターケアや、受け入れる大学などの進学先で支援を充実させていくことである。また施設から退所した子どもたちを支えるNPO団体や地域の支えも大切である。施設にいる子どもたちが、大学などへの進学を諦めることのないような社会をつくっていくためには、今後も様々な取り組みを必要としている。

第15章 障害のある子どもの療育と支援の実際

1. 障害のある子どもの療育と支援の実際

　本事例の伯瑛（18歳）さん*は生後1か月で、インフルエンザ脳症に罹患し両下肢の機能不全という障害を負った。その母親であるTさんと会い、幼少期から現在に至るまでの生活について回想して頂いたのが2017（平成29）年2月初旬である。

　そこで母親が話す言葉一つひとつに「家族としての絆」を感じることができた。伯瑛さんに対しては、「元気に育ってくれていれば兄弟のなかでも一番成績が良かった」のではないか、でもいまは「私たち家族の中心で、癒しのハクニイ」と話された。また家族としても、伯瑛さんと姉弟たちに対して何事にも興味をもって欲しいと思い「障害をもつ子の家庭」ではなく、「普通と言われる家庭」のように外食や温泉旅行、さまざまなアクティビティを積極的に体験させてきたと話す母親の姿が前向きで、とても輝いていた。

　「障害」の原因になった病気に罹患した当時を母親の言葉で振り返ると、「生後1か月で子どもを抱いて外出はしていないし、家族も風邪にかかっている者」はいなかった。しかし、伯瑛さんは生後すぐにインフルエンザ脳症に罹患した。これが現実であり、その後は障害というハンディをもって生きていくことになった。

　本事例はそんな伯瑛さんを愛し、この子の将来のために「できるだけのこと」をしてきている家族の思いに寄り添ったものである。そのため、生後1か月から今日に至るまでをの母親の「エピソード」を、より具体的に抽出している。そこには、ともに過ごした家族や親戚との関係、彼の生きる力を最大限引き出してくれた特別支援学校、将来的に「生きる力と彼らしさ」を支援してくれた「医療福祉センターきずな」（以下、きずなと略す）での生活について紹介している。本事例では、障害のある人や家族の「多様性」に満ちた生き方、各専門職としての役割を理解してほしい。

＊本事例の公表においては当事者の同意を得ている（同意書あり）。

(1) 支援の概要

　2016（平成28）年10月にきずなに入所。

　急性インフルエンザ脳症による両上下肢機能障害全廃1級と療育手帳Aの交付を受けている。

　発病は生後1か月に起きた。ある昼時に鼻水が出ていることに気づき小児科を受診する。当時「インフルエンザ迅速検査キット」がなかったために風邪と診断された。

　その日の夕方、頭と足が床についているにもかかわらず、身体が宙に浮いていたため痙攣発作であると気づき、慌てて救急車を呼び病院に搬送された。病院に到着直後は痙攣も収まっていたが、再び痙攣が始まったためMR検査を行った。その結果、脳が腫れるとともに大量の出血がみられた。この脳内出血に陥っている状態であることに加えて、挿管を行い気道確保が必要であると説明を受ける。また発病原因を調べるには、2週間の検査入院が必要であるが危篤状態であり、あと数日の命であると告げられる。

　このとき医師から輸血を勧められていた。しかし入院後1週間は危篤状態が続き、家族の付き添いをお願いされるような状況であったこと、さらに生存しても喜怒哀楽を表現できる状態でないのであれば、「生きていても可哀そう」と思い一度は輸血を断った。2週間後の血液検査の結果、病名はインフルエンザ脳症と診断され、「何らかの障害が残るが、生存の可能性がある」と説明を聞き、その可能性を信じて輸血を行うことになった。その甲斐あって症状も改善し、奇跡的な回復を見せ、入院3か月で退院することができた。

　その後、3歳の時に両親が離婚するが、近隣に住む曾祖母・祖父母の協力を得ながら家族4人で生活を送る。残念ながら近所に同じような障害の子が生活する家族がおらず、心から相談できる人がいなかった。さらに、早期療育に必要なリハビリ、「身体障害者手帳」・「療育手帳」の申請、福祉サービス、特別支援学校の存在を知らない環境のなかで子育てを行ってきた。この先の見えない子育てが、いかに想像を絶するものであったかはいうまでもない。

　特別支援学校への入学後は、児童デイサービスを利用するなど活動範囲も徐々に広がっていった。また15歳（中等部3年）になる2014（平成26）年には、母親が再婚

し、翌年には妹が生まれ家族6人となり、これまでと変わらない幸せな生活を送っていた。

　入所までの経緯は、17歳（高等部3年）の夏に、一緒に自宅で留守番をしたり、お世話をしてくれたりした曾祖母が、庭で転倒し常時介護が必要になったことに加えて、主な介護者である母親が手術と継続治療が必要になったこと。さらに祖父母が経営する仕事を引き継ぐことなどが重なり、自宅で一緒に住むことが難しくなってきた。

　このような状況のなかで、普段からショートステイを利用しているきずなから「入所できる」と連絡を受けた。特別支援学校高等部卒業まで半年を切るなかでの入所であることや、母親は自分の体力の限界と感じるであろう60歳前後までは自宅介護を目指していたこともあり相当悩んだが、家族会議を何度も開き相談した結果、2016（平成28）年10月に入所することとなった。

(2) プロフィール

1) 氏名・性別

　　　伯瑛さん　　　男性

2) 年齢（生年月日）

　　　18歳　（平成10年12月5日）

3) 障害について

　　障害名　「インフルエンザ脳症」　発達年齢　1か月

　　身体障害者手帳：インフルエンザ脳症　両上下肢の機能全廃　1級

　　療育手帳A

4) 入所当時のADLの状況

　　ICF（International Classification of Functioning, Disability and Health）については図15-1の通りである。

　　（身長・体重）

　　身長　155cm　体重　29.3kg

ICFの視点

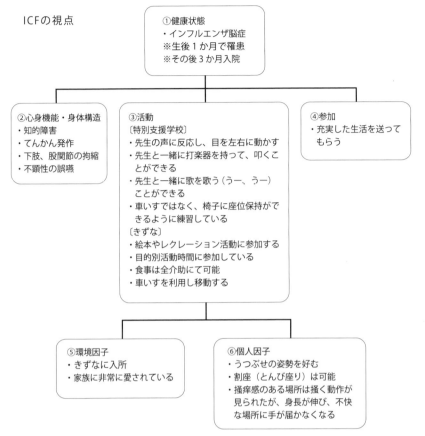

①健康状態
・インフルエンザ脳症
※生後 1 か月で罹患
※その後 3 か月入院

②心身機能・身体構造
・知的障害
・てんかん発作
・下肢、股関節の拘縮
・不顕性の誤嚥

③活動
〔特別支援学校〕
・先生の声に反応し、目を左右に動かす
・先生と一緒に打楽器を持って、叩くことができる
・先生と一緒に歌を歌う (うー、うー) ことができる
・車いすではなく、椅子に座位保持ができるように練習している
〔きずな〕
・絵本やレクレーション活動に参加する
・目的別活動時間に参加している
・食事は全介助にて可能
・車いすを利用し移動する

④参加
・充実した生活を送ってもらう

⑤環境因子
・きずなに入所
・家族に非常に愛されている

⑥個人因子
・うつぶせの姿勢を好む
・割座 (とんび座り) は可能
・搔痒感のある場所は搔く動作が見られたが、身長が伸び、不快な場所に手が届かなくなる

図15-1　ICFについて　　　　　　　　　　　　　　　　　　　　　　　筆者作成

（姿勢）

　幼少期からうつぶせの姿勢を好んでいる。両下肢の機能全廃に加えて軽度の側彎があり、座位保持は不安定である。また下肢・股関節 (特に右側) に拘縮が見られるが、現在まで脱臼はしていない。

　床での座位は、正座の状態から足先を尻の外側に出して座る「割座 (とんびずわり)」は可能である。短い時間ではあるが、短下肢装具を着用し、誰かに支えてもらえれば椅子に良肢位で座ることができる。

（動作）

　幼少期は不快と感じる臀部周辺を自ら搔く動作が見られたが、身長 (手足) が伸びたことで逆に上手く不快な場所に手が届かなくなった。

　首の座り (定頸) はできていることから、声のする方角に向くこと、さらに顔の近

くに本等を近づけると追視することができている。また、幼少期からしっかりとスキンシップをしてきているので、人との接触を非常に好み、ひと肌を感じると安心した表情を見せる場面がある。ただ、手の平を触れられると嫌がることがある。

弱視であるが知的障害も重複しているため、どの程度見えているかは不明である。しかし、人の声や光を感じる方角を追視している。

(移動)

バギー（リクライニング型の車いす）を使用している。車いすからの転倒予防のために腰ベルトを着用し安全確保を行っている。

(食事)

日常生活のなかで一番の関心事が食事である。上手く咀嚼・嚥下できないため、食事形態は主食・副食ともにペースト食で全介助であるが、スプーンを手にもってもらい、その手を介助者が包み込むようにサポートしながらスプーンフィーディングを行えば、口を開けて食べることができる。

また造影検査の結果、不顕性の誤嚥が認められることから、誤嚥の予防に努めながら介助を行っている。

(入浴)

洗身介助、洗髪、浴槽への入浴は、母親の全介助で行っている。

(排せつ)

おむつで全介助である。ただし、声掛けをして介助すれば腰を浮かし手伝ってくれる。

(整容・更衣)

全介助である。ただし、声かけすれば「あ〜」「う〜」と返事をしながら一緒に行ってくれるような雰囲気を作ってくれる。

(活動)

周りの雰囲気で笑顔や声を出して喜ぶ姿が見られることがある。

5) 家族

①母親のエピソード

出産した時、家族に高熱を出して寝込んでいた人はいなかったため急性インフルエンザに罹患していることが分からなかった。また、当時インフルエンザ迅速検査

キットがなかったことも診断が遅れた原因であると思っている。

　この頃を振り返ると、あと1〜2週間の命と宣告され、挿管されている姿を見てから3日間は泣き崩れたが、その後は前を向いて生活してきた。そのため家族でよく外食や温泉旅行に出かけるなど、障害があるからという理由で何かを諦めるという生活は送っていない。

　母親としての自慢は、これまで出会った人と比べても一番ハンサムであると感じるし、彼からもらえる勇気、癒し、温かさは誰からも得られない最高のプレゼントであると感じている。また、家族も伯瑛からマイナスイオンが出ていると口々に言っている。

　そんな明るい家族の中心である母親であるが、2016（平成28）年6月に病院を受診した際、子宮頸部異形成上皮と診断され、8月に1回目の子宮頸部円錐切除術を行った。しかし予後が思わしくないため、翌年1月に子宮全摘した。今後も継続的な検査、治療が必要になる。

　②継父との関わり

　結婚後、3年間同じ家で過ごしてきた。結婚前から妻と一緒に障害者福祉施設に出向き、息子が将来に必要となる介護量、その他の生活支援が何かを一緒に考えてきた。現在も、できる限り息子のために何かをしてやりたいと感じている。

　③姉Aのエピソード

　19歳になる1歳年上の姉である。現在は就職し、車で片道2時間かけて仕事に出かけている。とにかく家族と一緒にいることが好きな性格である。そんなAが2歳のころ、弟が退院して1歳の時のことである。伯瑛さんは睡眠剤を飲んでいなかったため、殆ど寝ない状態での生活であり、母親も付きっ切りで抱っこをし続ける状態であった。そのため、Aは母親と一緒に遊ぶ機会が極端に少なかったことが原因で、クレヨンで紙を真っ黒に塗りつぶす行為が目立つようになり、母親があわてて小児科の先生に相談に行ったことがある。

　小学校1年生の時に、学校の先生から「伯瑛くんの小学校入学手続資料を送っても家から何の反応もないが」と質問されて、「弟はずーっと風邪引いている感じ」と答えていた。Aにとっては、いつも家にいる弟という感覚であり、いまも「障害のある弟」ではなく「弟」なのである。

　④弟Bのエピソード

15歳になる弟である。生まれた時から障害のある兄と生活していたため、非常に優しい性格である。また、友達から「お前の兄ちゃん、ぜんぜん学校こうへんな、不良か」と聞かれ、「おう、不良なんや」と答え、自宅に帰り「お兄ちゃんのこと、どう話していいのかわからん」と母親に話すほど、家に「障害のお兄ちゃん」がいることが普通な生活を送っていた。

⑤妹Cとの関わり

2歳の妹である。伯瑛さんが「なにもできない」ことを年齢相応に理解しているのか、母親の動作を真似て身の周りのお世話をお手伝いしている。

⑥祖父母と叔母

祖父母は車で5分の所に住んでいる。祖母（64歳）は伯瑛さんが大好きであり、母親が仕事中の時は全面的にサポートしてくれた。また祖父（72歳）も会社を経営しながら、忙しいなかで時間を作って協力してくれていた。

しかし祖母は、癌治療を続けているうえに、庭で転倒して恥骨を骨折したことから、継続的な介護が必要な状況である。

車で10分のところで住む叔母は、何かあればすぐに駆けつけてくれる。祖母と同様に非常に明るく前向きな性格であるため、伯瑛さんや母親、子どもたちは心の底から支えてもらっている。

6）経済状況

母子家庭で大変な時期はあったが、その都度祖父母や叔母がサポートしてくれた。現在は共働きであるため、何とか生計を維持していける。

7）施設入所前の生活サイクル

7：30　起床・食事（食事時間は20分間程度）
　　　　着替え、おむつ交換
8：30　特別支援学校の迎えが来る
9：00　特別支援学校到着
16：00　放課後等デイサービスD、もしくは「こころniji」で過ごす
18：00　夕食
　　　　夕食後、睡眠剤を服用

21：00　睡眠（睡眠剤が効いてくる）

　　　4〜5歳までは、たん吸引を行っていたが、現在は吸引していない。

8) 特別支援学校での生活について

　現在通っている特別支援学校は小学部に入学してから12年目である。本来、他市にあるきずな入所のため転校すべきだが、保護者の強い希望と、卒業まで4か月弱ということもあり、特別支援学校で学習することとなる。

（授業の様子）

　伯瑛さんが床に「あぐら」の姿勢で座り、担任の先生がその後ろで抱きかかえるように座った状態で、高等部の歌（♩さあ　いっしょに　あるきだそうよ〜（略））を唄いだすと、眠たそうにしていた伯瑛さんが「うー、うー」と声を出しながら目を大きく見開き、声の方に追視行為、さらに先生に自らの頬をつけ嬉しそうな表情をする。

　また、先生が大きな声で「伯瑛くん」と声をかけると「目を左右」に動かし、手を叩く動作を行う。

（特別支援学校の目標）

　授業のなかで、生活に豊かさをもってもらうことを目標に音楽を取り入れている。使用する楽器は、市販されている「たいこでトントン」といった楽器を使いながら一緒に歌を唄い、ばちをもって一緒に太鼓を叩いていると、徐々に調子が出て顔を左右に揺らしながら力強く太鼓を叩いている。

　また卒業式には、「パイプ椅子に座ってもらうこと」を目標に、短下肢装具を着用して1分でも長く座り続ける訓練を行っていた。

9) きずなの生活サイクル及び施設アセスメント

　①生活サイクル

7：00　起床・顔拭き等整容

7：30　朝食・口腔ケア

9：30　排泄（お手洗い）

10：30　療育活動・レクリエーション活動、入浴

12：00　昼食・口腔ケア

13：00　排泄（お手洗い）

14：00　療育活動・レクリエーション活動、入浴（月、水、金）

15：00　おやつ・口腔ケア

16：00　排泄（お手洗い）・利用者毎に目的別活動時間

18：00　夕食・口腔ケア

20：00　排泄（お手洗い）

21：00　消灯

②施設アセスメント

　きずなでは、「個別支援計画書」を作成している。入所後間もない状態で作成した計画書のなかで、先述した「ADLの状況」で触れていない部分について、下記に示す（個別支援計画のなかの「課題及びニーズ」から引用し、表現を変更）。

（生活目標）①リラックスしてもらい、生活関係の構築に努める。

　　　　　　②楽しみを見つけて、充実した生活を送ってもらえるよう支援する。

（看護）　①てんかん発作が日常的にみられるが、今のところ安定している。

　　　　　〈目標〉異常の早期発見に努める

　　　　　②皮膚の掻痒感があり（特に臀部）、ひどく掻くことがある。また、擦れにて臀部の皮膚が剥離することがある。

　　　　　〈目標〉掻痒感の軽減に努め、臀部の状態を改善、維持する。

（理学療法）拘縮予防に努める。

（作業療法）きずなに慣れてもらい、興味のある玩具などを模索する。

　　　　　〈具体的内容〉絵本、楽器、見ること、聞くこと、触れると震える物等を提供して、好きな遊びを探す。

（言語・摂食）摂食時に不顕性誤嚥が認められる。

　　　　　〈具体的内容〉誤嚥減少を目的に、

　　　　　　ⅰ）水分には濃いトロミをつける。

　　　　　　ⅱ）食事形態は「ペースト食」。

　　　　　　ⅲ）コップ飲みは中止とし摂取は全量全介助とする。

　　　　　　ⅳ）食後座位は30分間以上保つ。

　　v）誤嚥のサインに注意しながら経過をみていく。

　このように、家族がこれまで行ってきた生活支援、特別支援学校で行ってきた生
活支援法を参考にしながら、本人が安全安心した生活が送れるように、各専門職の
視点でアセスメントしたものを個別支援計画書に記載している。

写真 15-1
特別支援学校卒業式後の様子

(3) 最後に

　この春に無事、特別支援学校を卒業することができた。卒業式の式次第にある
『旅立ちに向けて』（最後の授業）は、卒業生がこれまで目標にしてきたことを家族や
在校生たちにお披露目し、今後の生活目標を伝える場であった。卒業生たちがさま
ざまな最後の授業をお披露目するなか、伯瑛さんも舞台の中央に移動し、先生の介
助にてリクライニング型車いすから「パイプいす」に乗り移り、自力で座位保持を
披露した。

　筆者も式場最後部でその様子を見ていたが、いつしか椅子から立ち上がり、両手
を握りしめながら自力で「座位保持」ができることを祈っていた。実際には数十秒
という短い時間であったが一瞬時間が止まり、担任の先生の「よく頑張りました」
という言葉で、時間が再度動き出す感覚を覚えた。母親は、この瞬間をどのような
想いで見ていたのだろうか。恐らく言葉で表現することはできない想いが走馬灯の
ように駆け巡っていたであろうと想像するに難くない。

　本事例は先述したように、母親の回想部分が多い。そのため、「家族」という視点
要素が強く、偏った見方であると感じる人がいるかもしれない。しかし、「してい

る」ことを維持し、これまで培った強みに着目しながら伯瑛さんのストレングスを図り（潜在化されている強さや強み、長所に焦点をあて）ながら「できる」ことを増やしていくには、家族のサポートが必要不可欠になる。専門職は、家族の思いを受け止めること、さらに発語できない伯瑛さんの思いに寄り添いながら表情・姿勢・行動・発語（喃語）などに波長を合わせていくことが肝要であると考えられる。

　ここでいう専門職とは、伯瑛さんを学校教育の観点から支えた特別支援学校教諭、放課後等デイサービスやきずな職員である介護福祉士や社会福祉士、保育士といった社会福祉職、医師や看護師、栄養士、理学療法士（PT）、作業療法士（OT）といった医療職とのかかわりがあり、これらの専門職間のチームアプローチによってきめ細かい支援を実施することができたと考えられる。

　つまり、当事者の多様性や個別性といった個性を尊重しながら、その人の置かれている生活状態（身体的・精神的）の把握と分析、家族の思いに寄り添うために必要な情報を集め、それらを包括的にとらえながら、ニーズの把握と予測される問題への対応を考えなければならない。この一連の流れをひとりの専門職が対応するとなると、対応者の主観的な偏った支援に陥る可能性が高くなる。そうならないためにも、他職種と連携しながら行う「チームアプローチ」を実践しなければならない。それでも、意見の対立や家族の方向性と制度との乖離、施設の機能と限界により、サービス提供できる内容と当事者の思いとの相違など、専門職としてかかわるなかで、多くの「ゆらぎ」を感じる場面が多々ある。

　このような援助者が「ゆらぎ」を経験する主な理由は、人の生活の仕方や生き方には「つねに正しい画一的な答え」が存在しないことにある[1]。このことを理解しながら、「いかに生きるべきか」「自分らしさとはなにか」の答えを探しながら生きる[2]といった多様な生き方を理解することである。さらに、専門職が「当事者の生きがい」に寄り添うためには、支援方法の目標を明らかにすることである。この目標を統一するには、各専門職の視点からの「見立て」を明らかにし、その「見立て」を集め、一つの目標を決めることで当事者への支援方法に客観的妥当性が生まれ、より良い支援が実践できる。

　この客観的妥当性は日々変化するものであり、チームとしての申し送り、ケース会議を必要に応じて開催しなければならない。つまり、どの専門職であったとしても、当事者の多種多様な生活に寄り添う意識が必要であることは言うまでもない。

2. 障害児通所支援事業所での子どもの療育と支援の実際

(1) 支援の概要

　平成○○年△月に児童発達支援センター「A」に入園。入所に至るまでの経緯は、1歳半健診にて発達の遅れを指摘され、保健師から療育を勧められる。2歳時に「小児自閉症」と診断され、日中一時支援にて週に1度の療育を開始。3歳になり、毎日通所の施設に通っている。入所時は職員、他児への興味関心は見られなかったが、少しずつ環境に慣れ、現在では積極的に人と関わる姿が見られている。園での情緒は比較的落ち着いている。しかし、家庭では情緒が崩れやすく、癇癪もひどい。特に母親に対して癇癪がひどい。そのため母親もストレスが溜まり、情緒が安定しにくい。

1) プロフィール

　①氏名・性別　　　B君・男児

　②年齢 (生年月日)　　　3歳 (平成□□年△月□日)

　③生育歴　母子ともに健康状態は良好で出生。「ハイハイが遅い、目が合わない」等の様子が見られ、母親は不安感もあったが、ただ成長がゆっくりであると考えた。しかし1歳半健診にて指摘を受け、病院を受診するに至った。

　④障害について　診断名「小児自閉症」　発達年齢2歳。

　言語は流暢に喋る。しかし一方的に話しかける姿が多い。身辺自立は概ね自力にて行えるが集中が続きにくく、その都度声かけが必要である。大きい音が苦手で耳をふさぐような姿もある。電車を好む。数字・アルファベット等も好きであるが意味理解は難しく、記号として好んでいる。園での活動は大好きで、意欲的に参加している。

　⑤家族状況　父親 (36歳)・母親 (34歳)・姉 (5歳)

　父親は本児のことを可愛がっているが、障害特性はあまり理解できていない。成長するうちに治ると考えている。母親は情緒が安定しにくい。また職員の話が理解しにくいことがあるため話は短く、簡潔に伝える必要がある。姉は本児とよく遊ぶ。

　⑥経済状況　父親が工場勤務。マンションに住んでいる。

⑦利用しているサービスと生活サイクル　通所支援事業所の利用のみ。生活サイクルは寝るのが遅く深夜まで起きていることもあり、朝の活動は眠そうなこともある。

(2) 個別支援計画

〈相談〉

家族より相談がある。園では自力で着脱をしたり、トイレでの排尿をしたりするなどの姿があるが、家庭では全く行おうとしない。無理にさせようとすると癇癪が起こり、物を投げる、嚙み付く等の行動がある。母親は本児が自分を困らせるためにそのような事をするのではないかと考えている。

〈アセスメント〉

①本人の想い・意思確認

言語は流暢に喋る。こちらの指示に関しても概ね理解している。しかし一方的に話しかけたり、場面とは関係ない話を突如始めたりする。クラスでは落ち着いて過ごす。しかし自分の思い通りにいかないと泣く。その際は職員と1対1にて話を聞き取ることで落ち着く。家庭では母親の指示はほとんどきかない。本児の気持ちが受け入れられるまで泣き続け、自傷・他傷行為が見られる。母親は本児が情緒不安定にならないよう関わろうとするため、余計に自分の気持ちが通らないとすぐに癇癪を起こすようになってきている。

このような姿から、言語にて自分の気持ちを伝えたり他者の言葉を受け入れられないわけではないが、母親との関係性や環境によって園と家庭での姿の差があると考えられる。

したがって「家庭でも言語にて自分の気持ちを伝える、母親の話を聞く」というねらいを立てて支援していく必要がある。

②コミュニケーションの状況

（現在の状況）　上記のように、ある程度は言語でのコミュニケーションをとれる。しかし、人・環境によっては伝えられず、泣く・物を投げるなどの行為で気持ちを表現しようとする。

（支援をしていく上でのこれからの課題）　園では楽しい活動が待っている期待感や、職員に気持ちを正しく伝えられると賞賛してもらえるというプラスな印象が強

く、積極的に言語でのコミュニケーションをとろうとしていると考えられる。しかし家庭では「母親の気を引きたい」という気持ちや、「物を投げたら気持ちを受け止めてもらえる」などの間違った学習により、言語ではなく行動にて気持ちを伝えようとしているのではないか。家庭でも言語にてコミュニケーションをとる楽しさや嬉しさを感じられるような支援が必要である。

③日常生活の状況

（現在の状況）　ADLに関しては、年齢相応の取り組みができている。排便は、家庭ではオムツにしている。園で排便する姿は見られていない。家庭ではほぼ母親の介助を頼りにしており、食事も食べさせてもらい、途中離席しては玩具で遊び、少しすると戻ってまた食べさせてもらっている。

（支援をしていく上でのこれからの課題）　園では取り組めており、能力的には問題なく自力で遂行できる。母親との関係性や環境が大きく影響していると考えられ、本児が家庭でも受け入れやすいような取り組みから始め、自力で出来ることを増やしていく必要がある。

④社会生活

（現在の状況）　他児と積極的に関わって遊んでいる。玩具の取り合いになる際は譲らないこともあるが、大人が介入することで受け入れることもある。家庭ではあまり外出はせず、休日は買い物や近所の公園くらいである。

（支援をしていく上でのこれからの課題）　本児は他者と関わることを好んでいるので、活動の中でルールや遊びの展開を伝えていく。また母親に関しても、相談できる人を見つけていったり輪を広めていったりするためにも地域のコミュニティサークルや本施設の保護者で集う会に参加してもらうよう勧めていく。

⑤自己指南性

（現在の状況）　自分のしたいことの決定力や判断力は年齢相応に出来ており、園ではある程度の我慢や順番も理解している。しかし家庭では自分のしたいことが受け止めてもらえることが当たり前となっている。そのため、受け止めてもらえないときの気持ちのやり場や、どう発散すべきかが分からないのだと考えられる。

（支援をしていく上でのこれからの課題）　まずは家庭でのルール作りと、母親との関係性について見直していく必要がある。本児の要求をすべて受け入れるのではなく、条件や代わりの案を出していくなどして、選択の幅を広げていく。また母親に

かまってほしい気持ちが強いために、スキンシップを取る重要性を伝えていく。

⑥健康

（現在の状況）　本児の健康状態は良好である。

（支援をしていく上でのこれからの課題）　寝る時間が深夜を過ぎることがあるので、寝る前の環境設定について母親から話を聞き取り、母親が出来そうな支援を考え、伝えていく。

〈事例に関するワーク課題〉

個別支援計画書に支援内容を記入せよ（表15–1）。

表15-1　個別支援計画書

個別支援計画書

利用者名　＿＿＿＿＿＿

作成年月日：　　年　　月　　日

総合的な援助の方針	
長期目標（内容、期間等）	
短期目標（内容、期間等）	

○支援目標及び支援計画等

支援目標	支援内容 （内容・留意点等）	支援期間 （頻度・時間・期間等）	サービス提供機関 （提供者・担当者等）	優先順位

令和　　年　　月　　日　利用者氏名　＿＿＿＿＿＿　印　サービス管理責任者　＿＿＿＿＿＿　印

194

(3) 支援の経過

　家庭訪問を行い、環境設定について詳しく話を聞いた。現状の様子と採るべき支援方法は次の通りであり、母親の負担がないところから始めた。

　①食事

　TVがついており、見ながら食べている。また玩具は出しっぱなしである。

　→TVは消すか、本児の興味のないニュースなどにする。玩具は違う部屋に片付ける。本児の集中が保ちやすい10分間程度で食べられる食事量にする。2回離席した場合は食事をやめる。完食できた際は身体的賞賛（高い高い、ハグ）をする。

　②排泄

　家に帰るとオムツに履き替えている。トイレに行くことを嫌がる。

　→本児の好きな電車の写真をトイレに貼る。トイレ用の絵本や玩具を用意する。タイマーを用いて1分間座れたら賞賛をする。週に1度、布パンツで過ごしてみる。賞賛カードを使用し、トイレで排尿したらシールを貼り、5個たまったらお菓子を買う。

　③着脱

　脱ぐことは自力でするが、着ようとしない。→買い物に行く前に靴下を片方だけ自力で履くように促す。手順書を用いて、何をすべきか視覚的に分かるようにする。上手に出来たら賞賛をする。

　以上のような支援方法を、文章やイラストを用いて母親に説明した。また、すべて1度に伝えると母親の混乱になるために少しずつ伝えていった。簡単な事から行ったために本児もスムーズに受け入れ、自力で出来る事が増えている。また母親に身体的賞賛をしてもらえることが嬉しく、自ら頑張ろうとするようになった。癇癪もまだ起こっているが、母親と2人だけの空間になると落ち着く時間が早まっている。母親も本児が少しずつ落ち着いてきたことにより、環境設定や関わり方を知ろうとする姿が見られ始めている。保護者同士の会にも参加して、同じ悩みを持つ親たちと話せたことがストレス解消となった様子である。今後も少しずつ支援方法を伝えていき、母親が無理のない程度に本児の支援が出来るよう関わっていく必要がある。また、父親にもクラスでの様子を見てもらうなどして、本児の特性理解に

ついても話をしていきたい。

(4) 考察

　本児は母親に対してかまってほしいという気持ちをどのように表現をすればよい
のか分からず、癇癪や他人を傷つけることで気持ちを伝えようとしていた。その姿
を見て母親も本児とどう関わるべきなのか分からず、癇癪を起こさないように接し
ていたため、本児と母親の立場が逆転してしまったのだと考えられる。そのため、
園では出来ることが家庭では出来ないという差が生まれてしまったのではないか。

　そこで、母親と一緒に本児の今出来ることを正しく把握するとともに、本児に
合ったやり方を細かく伝えていく必要がある。また、言葉で気持ちが伝わった経験
が少ないことから行動にて気持ちを伝えようとするため、小さなことでも言葉で伝
えられた際は、しっかりと賞賛していく必要性があると考えた。母親自身も頼れる
存在が少ないためにストレスを内に閉じ込めてしまう姿があったのでコミュニティ
が広がるような場を提供していく必要がある。本児の特性だけでなく、周りの環境
設定や家族の様子も捉えた上で、現在必要な支援とは何かを考えていくことが重要
である。

注

1) 尾崎新 (2015)『「ゆらぐ」ことのできる力　ゆらぎと社会福祉実践』　誠信書房　p.6
2) 1) に同じ

参考文献

黒澤貞夫 (2006)『生活支援学の構想　その理論と実践の統合を目指して』川島書店
尾崎新 (2009)『「現場」のちから　社会福祉実践における現場とは何か』誠信書房

［コラム］医療型障害児入所施設における訪問教育

今井慶宗

　子どもの養育に当たって、食事・入浴・排泄など日常生活面を支援していくとともに、教育の支援も大切であることは言うまでもない。1979（昭和54）年に養護学校（当時）への就学が義務化され、重度重複障害児も養護学校へ就学することとなった。今日、重い障害のある子どもたちも教育を受けることは当然のことと考えられている。では、障害児入所施設の子ども達、それも医療型障害児入所施設の重度重複障害のある子ども達が施設内でどのような方法で教育を受けているのか考えたことがあるだろうか。

　ここでは特別支援学校の訪問教育を取り上げてみたい。重度の知的障害や身体障害があるために通学して学校教育を受けることが困難な生徒に対して、家庭や障害児入所施設に教員を派遣して教育を行う特別支援学校の訪問教育部門がある。重度重複障害児の中でも訪問指導を必要とする児童生徒が漸増している。医療型障害児入所施設に入所している子どもの教育の実質化は大きな課題である。本人達が通ってくることが難しければ、教員側から施設等に出向いて教育することが必要となる。現実にどのような方法・仕組みでなされているかを知ることは施設生活の重要な場面を知ることになる。訪問教育では通学が困難な子どもに対して医療職や保護者と連携しながら自立活動を中心とした多様な授業に取り組んでいる。

　文部科学省「特別支援教育資料（令和元年度）」によれば、特別支援学校小・中・高等部の訪問教育対象児童生徒数（国・公・私立計）は、2020（令和2）年5月1日現在、小学部1247人・中学部754人・高等部822人である。1校あたりの在籍児童生徒数としてはわずかであるが、訪問教育を必要とする子どもたち一人ひとりのニーズに対応した指導がきめ細かく行われている。

　例えば、東京都立村山特別支援学校では、自宅や療養中の病院に教員が訪問する在宅訪問学級と、隣接の医療型障害児入所施設に訪問する施設内訪問学級がある。2020（令和2）年5月現在時点で、小・中学部在宅訪問学級が8名、小・中学部施設内訪問学級が4名が在籍している。高等部訪問学級は在宅訪問教育が3名在籍していて、施設内訪問学級の生徒はいなかった。

　高等部の例として、神奈川県立特別支援学校高等部（訪問教育部門）をみてみると、「平成29年度神奈川県立特別支援学校高等部（訪問教育部門）生徒志願

の手引」によれば出願資格として、中学校を卒業していることのほかに一定の「医療型障害児入所施設（旧重症心身障害児施設）への長期の入所が必要なこと」を挙げている。

　施設内訪問学級は、障害児入所施設に入所している児童・生徒のうち、健康状態に特に配慮が必要で、登校することが難しい児童・生徒への授業を行っている。個々の健康状態と発達を踏まえた上で、授業が行われなければならない。

　例えば、上記の東京都立村山特別支援学校小・中学部では指導内容として次のような取り組みがされている（一部要約）。

　児童・生徒の学習課題はさまざまで、課題も一人一人異なる。生活リズムや健康な身体作りを中心として、人との関わりを受け止め、楽しめるようになることを目指す児童・生徒には、「自立活動、生活単元学習、日常生活の指導」などを行っている。また、教科指導の必要な児童・生徒には、「国語、算数・数学、音楽、図工・美術等」などを通して基礎学力や社会性の充実を図っている。スクーリングが可能な児童・生徒は、グループや学年の授業に参加し、一緒に学習している。学校行事にも、可能な限り参加し、通学している友だちとの関わりや経験の広がりなどを大切にしている。

　このほかにも学校ごとに様々な取り組みが行われている。これらの授業は病室内のベッドでの学習が中心となる。しかし、ベッドから離れて少し移動することができる場合には施設内の適宜の場所で授業が行われていることもある。重度重複障害児は体調の変化が著しい者もいるので、当日の体調によって実施場所やプログラムを柔軟に変えなければならない。訪問教育は医療職をふくめた施設職員や保護者との連携協力があってこそ可能となる。施設職員や保護者は施設内での移動や授業場所の設営、医療的ケアも担っている。児童生徒の障害の種類やその日の体調によって教員を補助する場面も少なくない。

　入学式・卒業式などの儀式は、可能であれば特別支援学校で行われるものに参加するが、体調によっては施設内で行わざるを得ない。当該日には指導に当たる教員のほか管理職教員が一緒に出向いたり施設の管理職が同席するなど儀式としての雰囲気をつくる取り組みがなされているケースもあるといわれる。

　なお、上記の「自立活動」の指導については「特別支援学校学習指導要領解説・自立活動編」では「個々の幼児児童生徒が自立を目指し、障害による学習上又は生活上の困難を主体的に改善・克服しようとする取組を促す教育活動であり、個々の幼児児童生徒の障害の状態や発達の段階等に即して指導を行うことが基本である」とされている。

第16章 成人障害者への支援の実際

1. 障害者支援施設での利用者支援の実際

(1) 事例の概要

　A氏は出産時の低酸素虚血脳症による脳性まひの49歳の男性である。施設に入所するまでの長い期間、母親が一人でA氏の介護を行っていた。A氏が15歳の時に父親は交通事故で死去する。それまでは両親2人でA氏を介護していたが、支えであった夫を亡くしたことで、母親が精神的に不安定となり、1年間、社会との関係も閉ざし誰とも関わることなく、A氏を養護学校（現・特別支援学校）中等部から高等部への進学をさせることもなかった。その後、5歳上の姉の勧めもありA氏は1年遅れて養護学校高等部に入学する。

　養護学校卒業後、A氏は授産施設（現・就労継続支援B型）へ通所を始めるが、職場の雰囲気になじめないなどの理由により、直ぐに職場を辞めてしまうことを4回繰り返す。母親も施設職員の対応が気に入らないという理由で連れて帰ったこともある。母親には「この子の身体がこうなったのは私のせいだ」との思いが強く、A氏が施設に通うことをやめたことについてはあまり気にせず、そのまま在宅で生活を送った。

　それでも何度かA氏の自立を考え、母親自ら市の福祉課を訪ね相談に行ったこともあるのだが、市職員から施設利用を勧められると、やはりいつも土壇場で母親が決めかね、そのままずるずると在宅生活を送っていた。市職員は姉に連絡をとり、母親の説得と施設利用を勧めてみたがやはり全て断られ、その件で、姉も母親と何度となく口論になる。「あなたに障害のある子どもを持つ親の気持ちがわかるのか」と母親から姉は言われ、次第に口を出すことが出来なくなってきた。そのため、現施設に入所するまでは、母親とA氏の様子を市職員が定期的に確認に行っていた。

　A氏が45歳の時、母親が乳癌で入院することになり、市職員の勧めで現施設を短期入所として初めて利用した。退院後も、母親の体力的な問題でA氏への在宅介護の継続が難しくなり、そのまま入所となった。

　施設へ入所当初は、A氏も直ぐに家に戻れると考えていて、新しい生活になじもうとはせず、施設プログラムへの参加には消極的であった。長い在宅での生活では、全ての行動・行為を母親が決定していたため、A氏は自分の行う事に自信がなく、出来るはずの日常的動作も途中で諦め、職員に介助を求めることが多い。

　母親の定期的な面会と、2か月に1〜2回のペースで帰省をしていたが、ここ最近は、母親も高齢になり、面会、帰省の機会が減少した。母親の面会が減ってきていることで、A氏の気持ちの中に自分はどうなるのかとの漠然とした不安が浮かんできている。職員と話す会話の中にポツリポツリと不安な気持ちを訴えることも多くなり、何となくではあるが、今後もこの施設で暮らしていかなくてはと思い始めているようで「しっかりしなくては」との言葉も時々聞かれるようになってきた。

　母親も自分の体力の限界から、残されるわが子の今後についての不安を職員に漏らすようになってきた。A氏、母親ともにこれからの生活のあり方を考えることになった。

1) 基本情報

　①性別・年齢　　男性・49歳

　②身長・体重　162.3cm・55.7kg

　③基礎疾患　脳性まひ　てんかん発作

　筋肉の緊張が強く、突っ張った状態となっている。背骨がS字のように曲がっており側湾症がある。つかまり立ちは可能であるが、歩行はできないため車椅子を使用している。寄りかかれば座位保持可能である。上肢は日常生活程度では動かすことが可能だが、細かい作業は上手く行えない。

　④既往歴、合併症：脳性まひによる両足関節背屈関節可動域制限あり　反射亢進
肝機能障害（薬物性）

　⑤障害の程度：身体障害者手帳2級　療育手帳B1

　⑥ADLの状況

　(移動) つかまり立ちは可能であるが歩行はできない。筋緊張が強く、車いすを利

用している。車いすの自走はゆっくりなら可能である。

　（食事）食事動作は自立しているが食べこぼしが多い。好き嫌いはなく毎回、全量摂取である。菓子パンや缶コーヒーなどの甘いものが好きであるが、食べ過ぎないように気をつけている。

　（排泄）排泄行為は自立しているが、後始末など確認が必要である。便意、尿意の訴えはある。

　（入浴）自分で手が届く範囲は自分で洗うことは可能であるが、移動や洗身、洗髪など介助が必要である。

　（整容）洗顔、整髪、歯磨きは自分で行えるが、確認などの見守りが必要である。

　（更衣）職員の声かけで行える。ボタンかけなど細かい動作などに時間がかかり、最後まで行わず途中であきらめることが多い。洋服の好みなどを相手に伝えることができる。

　（睡眠）不穏はないが、やや昼夜逆転ぎみで夜間起きていることが多い。日中傾眠がみられ、服薬を勧めるが拒否される。

　⑦その他の本人の情報

　（コミュニケーション・意思決定）発音が聞き取りにくいが、言葉による意思疎通は可能である。自らの気持ちを他者に伝えることは苦手ではある。しかし、話しやすい職員には声をかけることができる。自分の行動・行為に「自信がない」という言葉が聞かれ、一つひとつの動作を職員に確認しながら行うことが多い。優柔不断ではあるが、意思決定は可能である。職員や他の利用者とのトラブルはない。積極的に施設プログラムに参加することはなく、嫌なことがあると居室にこもることがある。

　（趣味・嗜好）入所するまでは外出の機会はほとんどなく、施設入所後に初めて経験することが多く、時々参加するレクレーションや外出の時は「楽しい」との言葉が聞かれる。最近は、小型キーボード付きパソコンを使って作品を作ることに夢中である。自分の好きなことには根気強く取り組むことができる。

　（性格）温厚、自分の気持ちをなかなか人に伝えられない。落ち込むとなかなか切り替えられない。

　（疾患による影響）抗てんかん薬を長期に亘って内服している。その影響で肝機能障害がありγ-GTP 400以上と高値で、肝機能改善薬の内服を行っている。そのため

長時間の作業は、本人が疲労を訴えることがある。月に 1 度、かかりつけ医で検査を行い、同病院でてんかんについても受診している。定期的な血中濃度の検査を行い、現在のところ大きな発作はない。内服の管理は、施設職員が行っている。

（家族構成）

両親と姉の 4 人家族であった。本人が 15 歳の時に父親が交通事故で死去。姉が嫁いだ後は母親と 2 人暮らし。姉の支援に対して母親は拒否的であり、現在姉は支援には関わっていない。また姉は他県に嫁いでいるため、実質的な直接支援は難しい。

長年母親が 1 人で A 氏を介護していたが、母親の病気をきっかけに、45 歳のときに一時、施設入所となる。その後、母親の体力的な理由によりそのまま入所となる。

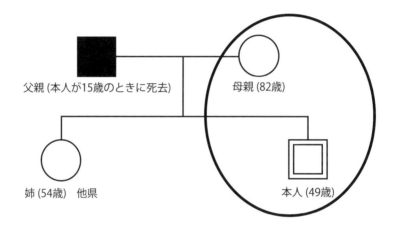

図 16-1　本事例のジェノグラム　　　　　　　　　　　　　　　　　　筆者作成

（母親の思い）

母親は「自分のせいで息子がこうなった」という思いが強く、周囲の力を借りずに自分 1 人で息子の事は全てやってきたという気持ちが大きい。

A 氏の子育てを行う時代は、今より障害者に対する偏見があったり理解が得られにくかったという背景もあり、周囲の厳しい言葉や冷ややかな目がいまだに母親の心の中に残っている。「障害の子どもを持つ親にしか、わからない苦しみ」という言葉をよく口にする。

自分の体力的な限界も感じ、残されるわが子の今後について考えなくてはと、ようやく思い始めている。

（姉の思い）

　姉として弟の自立を願い、何度も母親と話し合いを重ねるが、そのたびに口論となり口出しが出来なくなる。結婚後も夫の協力を得ながら弟のためにと支援方法を考えるが、母親から全て拒否される。夫の仕事の都合で3年前から他県で生活していて、実質的支援は出来ない状況である。現在は看護師として働いている。姉としてA氏の今後については不安がある。姉は、母親とA氏が納得するならと全て施設に支援を任せている。

（経済状況）

　母が受給している遺族年金と本人の障害年金の受給により生計を立てている。

2）アセスメントシート

①A氏の思い・意思確認

　発音が聞き取りにくいが、言葉による意思疎通は可能である。長い在宅での生活では、全ての決定を母親が行っていたことで自らの行動・行為に自信がなく、思いを他者に伝えるのは苦手ではある。しかし、話しかけやすい職員には声をかけ、自分で出来ない行為の介助をお願いすることもある。最近の母親の面会の減少に伴い、自分の今後について漠然とした不安を抱くようになり、自分の不安な思いを職員に漏らすようになってきている。施設で生活することへの前向きな発言も時々聞かれるようになってきてはいるが、具体的に何をどうしたらよいのかというところにまでは行き着いていないようである。

　今後の支援を検討する中で、大きな変革は本人の精神的負担や混乱を招くことも考えられる。母親やA氏の気持ちを十分に尊重し、A氏本人が望む生活スタイルをゆっくりと自分自身で見出せるように支援方法を展開していく必要がある。

②コミュニケーションの状況

（現在の状況）

　上記のように、他者とコミュニケーションを取ることは可能である。施設職員や他利用者とトラブルはないが、嫌なことがあると居室にこもることがある。話し合いの際、A氏と母親が一緒にいると、母親が先にA氏の思いを代弁することが多い。

　施設プログラムには積極的に参加せず、外出などは誘っても断ることが多い。また、職員を選んで話をすることがあり、自分の思いを伝えられる人とそうでない人

がいる。

　（課題）

　在宅生活が長く、人との関わりが少ないまま成長し、施設入所となる。他者とトラブルはないもののA氏の今までの社会性の乏しさから、人との距離の取り方が苦手なことや、また自らの思いを表出する前に母親が先に考えを伝えることが多いことにより、会話中に黙ることが多い。しかし、落ち着いた環境を提供すれば、話しやすい職員には自らの思いをゆっくりではあるが伝えられることから、A氏が安心して自らの思いの表出ができるような環境の提供と、人間関係の構築が図れるような支援が必要と考える。

　母親とA氏それぞれ個別での面談の機会を設けるなどの工夫も必要であると考える。

　③日常生活の状況

　（現在の状況）

　ADLは時間がかかるが、A氏自身で行えることもあるにも関わらず最後まで取り組むことなく職員に支援を求めることが多い。また、自分の行動・行為に「自信がない」との発言が聞かれる。

　（課題）

　障害に伴い、細かい作業の困難さはあるものの自ら出来る行為でも最後まで行わないことがある。在宅で生活していた時は、本人の出来る行為を母親が全て決定し手を出し、行っていたことの影響もあると考えられる。その為、自らで考え実施することへの不安や、やり遂げたという達成感を経験しないまま成長し、自己肯定感が低い状態にあることも考えられる。

　A氏の、自分の力で出来る行為を少しずつ増やし自信につなげることで自己肯定感を高め、主体的な生活ができるように支援していく必要がある。また、定期的に相談できる場を設定し、A氏の状況を確認しつつ支援方法を決定していく必要がある。

　④社会生活

　（現在の状況）

　施設プログラムに積極的に参加することはなく、生産活動も途中でやめて最後まで参加しないことがある。嫌なことや気分が乗らないと部屋にこもることがある。

外出なども好まないが、職員の誘いで嫌々参加することもある。

　肝機能障害により疲れやすいなどの症状を訴えることもあるが、最近パソコンの使い方を覚えて熱心に取り組む姿が見られる。今後についての不安だけでなく、前向きな発言も時々聞かれるようになっている。

（課題）

　母親との2人暮らしが長く、在宅で生活している時は他者と共に何かをするということがほとんどない、自己中心の生活を送っていたものと思われる。そのため、今までは気に入らないことに我慢をするということはなく、現在は嫌なことがあると居室にこもるという行動に出るのだと思われる。

　しかし、A氏本人の好む活動には意欲的に取り組む姿勢が見られ、それらをきっかけとして活動の幅を広げ、他者との関わりの楽しさや、経験値を深めることで社会性を養うことに繋げていく必要がある。また、今後の生活についても少しずつ前向きな発言が聞かれていることから、その気持ちに寄り添いながら、本人が望む生活へ近づけるような支援が必要である。さらに支援を行っていくうえで体調に注意し、無理のないよう施設での生活が継続できるような支援を展開していく。

　⑤家族（母親・姉）の状況

（現在の状況）

　母親は、自分のせいでわが子がこんな身体になったという責任を強く感じ、出来れば最後まで自分で面倒をみたかったという思いがある。母親が子育てをしていた時代は、障害者に対する偏見や理解が得られにくいことも多く、周囲の心無い言葉に傷つき、外に子どもを連れて出ることもなかった。母親は障害のある息子のために一生懸命尽くしてきたという自負がある。しかし、自分が病気をした後から、親亡き後のA氏のことがとにかく心配であり、姉には迷惑をかけず施設で生活をしてほしいと職員に話をしている。5歳上の姉は現状を冷静に捉え、現在は母親と施設へ全てを任せている。

（課題）

　子どもの障害は自分のせいだと、母親は自分の人生全てを子どものために捧げてきた。母親のA氏への関わり方は偏りともとれるが、子どものためにと昼夜問わず母親として精一杯尽くしてきた苦労と努力がうかがえる。

　母親が高齢となった今、A氏への面倒をみることが出来なくなったこの現状に、

残されるわが子への不安が絶えずあり、自分が健在のうちに何とかしたいとの思い
が強くあると考える。母親の、子どもに対する思いを理解し、今までの努力に共感、
寄り添いながら施設との信頼関係を構築し、支援方法を展開していく必要がある。

　また、A 氏と母親の意向を含めて施設での生活の方向性を決定していき、さらに
は成年後見制度の利用なども視野に入れて計画を立案していく必要がある。

(2) 個別支援計画書

　（長期目標）施設での生活を主体的に送れるようなる。出来ることを増やし、達成
感を重ねることで自分の行動に自信をつける。

　（短期目標）諦めずに最後まで自分でできる日常生活の行為を増やす。

〈事例に関するワーク課題〉

　表 16-1 〜 16-5 を参照して、個別支援計画書（表 16-6）に支援内容を記入せよ。

表16-1　申請者の現状（支援の状況）

申請者の現状（基本情報）

作成日	○年○月○日	相談支援事業者名	○○相談支援センター	計画作成担当者	○○　○○

1. 概要（支援経過・現状と課題等）

　脳性まひの49歳の男性。身体障害者手帳2級、療育手帳B1。
　つかまり立ちは可能であるが歩行はできない。車椅子を使用している。上肢は日常生活程度は動かすことが可能である。見守りや身の回りの支援が必要である。発音が聞き取りにくいが、言葉による意思疎通可能。自分のしたいことなどへの意思決定は可能である。
　本人が15歳のときに父親は交通事故で死去。長年在宅で暮らしていたが、母親の入院をきっかけに4年前に現施設に入所する。施設の生活に慣れてはきているが、自発的にプログラムに参加することは今まであまりない。
　定期的に母親が施設に面会に来たり、年に数回帰省していたが、母親が高齢になってきたことにより、面会・帰省の機会がここ数年減少する。職員や他の利用者との交流には問題ないが、嫌なことがあると居室にこもる。自分の行動に自信がなく常に職員に確認しながら行い、途中で諦めることも多い。
　最近、母親自身も体調があまり良くないため、本人の今後についての心配がある。5つ上の姉は他県に嫁いでおり、実質的な本人への具体的な支援は難しい状態である。本人の中でも母親の面会が減ってきていることにより、何かあったときはその後の生活はどうなるのかなどの漠然とした不安がある。時々、「しっかりしなくては」との思いを職員に漏らすようになってきている。
　本人と母親を交えてこれからの生活のあり方を話し合い、不安を和らげるとともに今後、どのような支援が必要か共有することが必要である。
　本人の主体性を引き出せるように少しずつ社会参加を促し、活動の幅をひろげ自信に繋げ生活の拡充の必要がある。

2. 利用者の状況

氏　名	A氏	生年月日	昭和43年10月19日	年　齢	49歳

住　所	○○　市	電話番号	00-****-****
	[持家・借家・グループ/ケアホーム・入所施設・医療機関・その他（　　）]	FAX番号	00-****-****

障害または疾患名	脳性まひ　てんかん	障害支援区分	区分5	性別	ⓜ男・女

家族構成 ※年齢、職業、主たる介護者等を記入

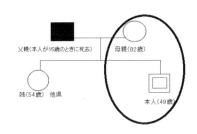

父親（本人が15歳のときに死去）　母親（82歳）
姉（54歳）他県　　本人（49歳）

社会関係図 ※本人と関わりを持つ機関・人物等（役割）

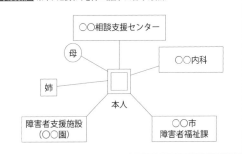

○○相談支援センター　　母　　○○内科　　姉　　本人　　障害者支援施設（○○園）　　○○市障害者福祉課

生活歴 ※受診歴等含む

・脳性まひ、てんかん、肝機能障害。
・在宅で家族介護のもと過ごす。
・○○養護学校（現・特別支援学校）を卒業。
・本人が15歳のときに父親が死去。姉が嫁いだあとは母親と二人暮らし。
・養護学校卒業後、何度か授産施設へ通所するが人間関係や雰囲気になじめず直ぐに辞め、その後自宅にこもりがちとなる。ほぼ社会参加なく、母親の介護を受けながら在宅で過ごす。
・母親の乳癌による闘病により○○施設に短期入所となる。
・母親の体力的なことなどにより、45歳のときに○○施設入所となる。

医療の状況 ※受診科目、頻度、主治医、疾患名、服薬状況等

薬物性肝機能障害があり月1度かかりつけの病院で検査と肝機能改善薬を内服している。また同病院でてんかん発作についても受診しており、抗てんかん薬の内服と定期的な血中濃度の検査を行い現在のところ大きな発作はない。

本人の主訴（意向・希望）

・施設での生活は慣れてきた。
・職員も優しく楽しい。
・母親が死んだらどうなるのだろう。
・なにか自分にできないだろうか。
・しっかりしないといけない。

家族の主訴（意向・希望）

・自分も高齢になってきてこの先が不安なので自立してほしい。
・施設での生活に慣れてきているのでこのまま施設でお願いしたい。

3. 支援の状況

	名称	提供機関・提供者	支援内容	頻度	備考
公的支援（障害福祉サービス、介護保険等）	障害者支援施設	・○○園 ・○○相談支援センター	生活で困ったことがあったときや不安なときは支援。	随時	
その他の支援					

「厚生労働省サービス等利用計画・障害児支援利用計画等様式例」を一部改変

表16-2 申請者の現状 【現在の生活】

申請者の現状（基本情報）【現在の生活】

利用者氏名	A氏	障害支援区分	区分5	相談支援事業者名	○○相談支援センター
				計画作成担当者	○○ ○○

時刻	月	火	水	木	金	土	日・祝
6:00	起床	起床	起床	起床	起床	起床	起床
8:00	朝食	朝食	朝食	朝食	朝食	朝食	朝食
	健康チェック	健康チェック	健康チェック	健康チェック	健康チェック	健康チェック	健康チェック
10:00	機能訓練／創作活動		機能訓練／創作活動		機能訓練／創作活動	創作活動・茶話会	
	生産活動（菓子箱折り）	生産活動（菓子箱折り）	生産活動（菓子箱折り）	生産活動（菓子箱折り）	生産活動（菓子箱折り）		
12:00	昼食	昼食	昼食	昼食	昼食	昼食	昼食
14:00	レクリエーション	レクリエーション	機能訓練／創作活動	レクリエーション	生産活動（菓子箱折り）	茶話会 創作活動	
	生産活動（菓子箱折り）		生産活動（菓子箱折り）	生産活動（菓子箱折り）			
16:00							
18:00	夕食	夕食	夕食	夕食	夕食	夕食	夕食
20:00	入浴	入浴	入浴	入浴	入浴		
22:00	就寝	就寝	就寝	就寝	就寝	就寝	就寝
0:00							
2:00							
4:00							

主な日常生活上の活動

・週のスケジュールに沿って生活しているが、気分が乗らないと参加しないこともある。
・気分が良いときは、笑顔で他の利用者や職員と交流したり、テレビを見たりして過ごしている。
・予定がないと居室にいることが多く、施設のプログラムの参加以外は外出はほとんど好んではしないが、たまに外出すると喜ぶこともある。
・自分で出来そうなことも、すぐに職員を呼び介助を求めることが多く、最後まで自分で行うことをしない。
・創作活動では、最近パソコンの使い方を覚え、様々な作品が作れるようになってきている。

週単位以外のサービス

・月に一回、かかりつけ医通院

「厚生労働省 サービス等利用計画・障害児支援利用計画等様式例」を一部改変

表16-3 サービス等利用計画案

サービス等利用計画案

利用者氏名	A氏
障害福祉サービス受給者証番号	＊＊＊＊＊＊＊＊
地域相談支援受給者証番号	
計画案作成日	令和○年○月○日

障害支援区分	区分5
利用者負担上限額	○○円
通所受給者証番号	
モニタリング期間（開始年月）	毎月（令和○年○月）

相談支援事業者名	○○相談支援センター
計画作成担当者	○○ ○○○
利用者同意署名欄	○○ 太郎

利用者及びその家族の生活に対する意向（希望する生活）
（本人）施設の生活は楽しい。しっかりしたい。パソコンで作品をつくることが楽しい。しっかりしないといけないと思うが具体的には何をしてよいかわからないので教えて欲しい。
（家族）母親がいなくなったらどうなるのだろうと不安がある。施設で楽しく生活しても、一人で生活できる力を身につけてほしい。

総合的な援助の方針
本人が安心して施設生活が継続できるようにサポートする。仕事や楽しみを本人がみつけて自分らしく生活できるようになる。

長期目標
施設での生活を主体的に送れるようになる。出来ることを増やし達成感を重ねることで自分の行動に自信を増やす。

短期目標
諦めずに最後まで自分でできる日常生活の行為を増やす。

優先順位	解決すべき課題（本人のニーズ）	支援目標	達成時期	福祉サービス等 種類・内容・量（頻度・時間）	課題解決のための本人の役割	評価時期	その他留意事項
1	しっかりしたい。	●自分一人で行える行為を増やす。●活動前の自分の身だしなみを整えることが出来る。	3か月（令和○年○月○日）	障害者支援施設（入所支援・生活介護）	●出来るところは時間がかかっても自分で実施する。●出来ることを一つ一つし自信をつける。	1か月	●本人の実施する行為を時間がかかっても見守る姿勢で支援する。
2	しっかりしないといけないと思うが具体的には何をしてよいかわからないので教えて欲しい。	●困っていることを一緒に考えアドバイスする。●定期的な面接を行い具体的な取り組みを決める。	6か月（令和○年○月○日）	障害者支援施設（入所支援・生活介護）	●毎日の生活で困ったことやわからないことをメモをする。●わからないことは職員に尋ねる。	1か月	
3	母親がいなくなった後の生活が不安である。	●いろいろな経験を重ね自信をつけ生活できるようになる。	1年（令和○年○月○日）	障害者支援施設（入所支援・生活介護）	●施設内外で未経験ものに取り組むようにする。	3か月	●活動範囲を広げるために施設プログラムに参加できるように取り組む声掛けを行う。
4	母親がいなくなった後の生活が不安である。	●成年後見制度の利用について本人の意向を確認しながら、母親も含めて説明する。	1年（令和○年○月○日）	成年後見制度の利用	●説明を聞いてわからないことは確認する。	6か月	●母親の体調にも留意しながら、ゆっくりと進める
5	施設での生活は楽しい	●施設での生活を継続する。●できれば、パソコンが趣味へ繋がるように支援する。	1年（令和○年○月○日）	障害者支援施設（入所支援・生活介護）	●日中活動に参加し自分で出来る作業を増やす。	6か月	
6							

表16-4 モニタリング報告書(継続サービス利用支援)

モニタリング報告書(継続サービス利用支援)

利用者氏名	A氏	障害支援区分	区分5	相談支援事業者名	○○相談支援センター
障害福祉サービス受給者証番号	**********	利用者負担上限額	○○円	計画作成担当者	○○ ○○
地域相談支援受給者証番号		通所受給者証番号			
計画作成日	令和○年○月○日	モニタリング実施日	令和○年○月○日	利用者同意署名欄	○○ ○○

総合的な支援の方針	本人が安心して施設生活が継続できるようにサポートする。仕事や楽しみを本人が見つけて生活できるようになる。
全体の状況	施設の中で、一人で出来ることが増えることが増えてきて、少し自信がついてきたように思います。自分の思いを相手に伝えることも少しずつ増えてきました。ただ失敗するとどうなか気持ちが切り替わらず、一日居室にこもることがあります。お母様、本人の解消、不安が残されている様子である。

優先順位	支援目標	達成時期	サービス提供状況(事業者からの聞き取り)	本人の感想・満足度	支援目標の達成度(ニーズの充足度)	今後の課題・解決方法	サービス種類の変更	サービス量の変更	週間計画の変更	その他留意事項
1	●自分一人で行える行為を増やす。●活動前の自分の身しなみを整えることができる。	3か月(令和○年○月○日)	●その日の状態で出来る時と途中で諦める時があります。●一つ一つの動作は時間がかかり自分のペースで実施してもらっています。	●自分で出来ることが増えるのは嬉しい。●時間がかかるので、職員さんに申し訳ない。●失敗すると落ち込む。	●本人の中で、自分でも出来ることが増えてきているようになり、定的な発言が聞かれるようになりました。●出来ないときすぐに諦めてしまうようになります。	●支援を継続し時間がかかっても自分で出来ることを目標です。●失敗しても諦めないような声掛けを行います。	有・無	有・無	有・無	
2	●困っていることを一緒にスタッフにアドバイスを求める。●定期的な面接を行い具体的な取り組みを決める。	6か月(令和○年○月○日)	●本人の様子を確認しながら必要時適宜声かけを行っています。	●職員さんが何でも聞いてくれるので嬉しい。●困っていることを自分に言うことができない。	●自分の思いを他者に表現できるようになってきているが、まだ本人的にかまではに着いていないみたいです。	●これからも困っていることの相談にのり、本人の不安の解消に努めります。	有・無	有・無	有・無	●職員が適宜、声かけです。●相談専門員が相談を受けます。
3	●いろいろな経験を重ね自信をつけ生活できるようになる。	1年(令和○年○月○日)	●本人のやりたいことを優先し施設のプログラムに取り組んでいます。●他にもできることを広げ、楽しみの支援にも取り組んでいます。	●買い物して好きな菓子を買い嬉しい。●他にもできることがあるかもしれない。	●レクリエーションやクラブ活動にも少しずつ参加するようになってきました。嫌なことがあるとどうなだれかを話し込んでいる様子があります。	●本人の意向に沿ったプログラムの充実を外出支援なども行い行動範囲を自信につなげていきます。	有・無	有・無	有・無	
4	●成年後見制度の利用について本人の意向を確認しながら母親と合意を得て説明する。	1年(令和○年○月○日)	●相談支援専門員が本人と面接を行っています。	●漠然としていてまだよくわからないため、何回も説明してほしい。	●初めての本人も混乱するため、何度も繰り返し説明することは必要があります。	●時間をかけてゆっくりと進めていきます。●継続しての方法を行います。	有・無	有・無	有・無	●母親も交えての支援が必要です。
5	●施設での生活を継続する。●いずれはパソコンのうながる技能が必要に支援する。	1年(令和○年○月○日)	●パソコン作品を作ることが楽しいと意欲的な発言が聞かれました。	●箱折りだけでなく、もっとパソコン上達してやみを作動活動にあんパソコンが以前より出来るようになった。	●パソコンが上達してきて本人も創作活動に意欲的な変化がみられました。	●パソコンの技能を身につけるだけでなく、それ以外でも本人の得意野を開拓していき本人が好きなことをさらに探します。	有・無	有・無	有・無	●今後、就労を視野に入れた支援が必要です。
6							有・無	有・無	有・無	

「厚生労働省サービス等利用計画・障害児支援利用計画等様式例」を一部改変

表16-5　継続サービス等利用計画【週間計画表】

継続サービス等利用計画【週間計画表】

利用者氏名	A氏	障害支援区分	区分5	相談支援事業者名	〇〇相談支援センター
障害福祉サービス受給者証番号	＊＊＊＊＊＊＊＊＊	利用者負担上限額	〇〇円	計画作成担当者	〇〇　〇〇
地域相談支援受給者証番号		通所受給者証番号			
計画開始年月	令和〇年〇月〇日				

時間	月	火	水	木	金	土	日	主な日常生活上の活動
6:00	起床	起床	起床	起床	起床	起床	起床	・気分が乗らないと相談支援のプログラムに参加しないこともあるが、以前に比べると居室から出てくることが多い。 ・外出（買い物）に行くことと好きな菓子づくりを行っている。 ・話しやすい職員に自分の不安な時に、漏らすことができる。以前より他者との関わりが増えてきている。 ・パソコンでの作業も時間がかかるが根気よく取り組んでいる。
8:00	朝食	朝食	朝食	朝食	朝食	朝食	朝食	
	健康チェック	健康チェック	健康チェック	健康チェック	健康チェック	健康チェック	健康チェック	
10:00	機能訓練 創作活動	実習 （就労移行支援事業）	生産活動（菓子箱折り）	実習 （就労移行支援事業）	機能訓練 創作活動	創作活動		
			機能訓練					
12:00	昼食	昼食	昼食	昼食	昼食	昼食	昼食	
14:00	生産活動（菓子箱折り）	実習 （就労移行支援事業）	外出同行（買い物）	実習 （就労移行支援事業）	生産活動（菓子箱折り）	外出同行（買い物）		
16:00								
18:00	夕食	夕食	夕食	夕食	夕食	夕食	夕食	週単位以外のサービス ・月に一回、かかりつけ医通院。 ・月に一回母親、本人と面談の機会を作る。
20:00	入浴		入浴		入浴			
22:00	就寝	就寝	就寝	就寝	就寝	就寝	就寝	
0:00								
2:00								
4:00								

サービス提供によって実現する生活の全体像	・在宅生活が長く社会経験の不足、人と関わりが今までに少なかったことを考え色々な体験を通して本人の望む生活を見出すことを目標とする。 ・少しずつ行動範囲に広がりが見られ、ときには外出先などでは参加できるようになり本人の意欲の発信が見られている。 ・本人が自ら楽しいと感じているパソコンでの作業が、最終目標である就労につながっていくように実習場所を設定した。 ・本人自らから余暇を楽しめる余暇支援なども重視し、自分らしく自立した生活ができるスタイルの確立ができるように支援していく。 ・体調や体力的なもの、気分の起伏があるため定期的なモニタリングを行っていく必要がある。

「厚生労働省サービス等利用計画・障害児支援利用計画等様式例」を一部改変

表16-6　個別支援計画書

個別支援計画書

利用者名 _____

作成年月日：　　年　　月　　日

総合的な援助の方針	
長期目標（内容、期間等）	
短期目標（内容、期間等）	

○支援目標及び支援計画等

支援目標	支援内容 （内容・留意点等）	支援期間 （頻度・時間・期間等）	サービス提供機関 （提供者・担当者等）	優先順位

令和　　年　　月　　日　利用者氏名 _____ 印　サービス管理責任者 _____ 印

212

出典　奈良県HP「奈良県サービス等利用計画に関する専門研修」p.31 を一部改変して筆者作成　http://www.pref.nara.jp/secure/108082/1.pdf

(3) 支援の経過

　A氏と母親ともに話し合いを重ね、それぞれの将来への思いや生活像を確認し、具体的な課題の抽出を行った。話し合いを進めるうちに、A氏の自立への前向きな意思も確立されていったように思えたが、社会経験値の不足が妨げとなり、大きな進展には時間を要すると考えられた。その要因のひとつに、入所するまでの長い期間、日常的行為を母親に任せ、判断・思考することはなく自らの主体的な活動がほとんどなかったことや、達成感を経験しないまま成長していることにある。

　このような現状から、まず本人の出来ることを増やすことで主体性を育み、その主体的な行動を認め成功体験を繰り返すことで自信に繋げ、さらなる生活の拡充を主目標とした。なかでも自分の行動・行為を諦めず、やり遂げる達成感を本人が感じ、経験を積み上げていけるような支援を心がけた。すると、以前に比べ達成感を得られた時には前向きな発言や表情が見られ、A氏の中でも生活の変化を受け止めているようである。

　また、将来的なことを視野に入れた成年後見制度の利用について母親とA氏に提案したが、イメージしにくい部分も多くあるため、今後も時間をかけながら何度も説明を行っていく必要がある。今後、A氏の社会参加できる機会をさらに増やし、その楽しさが生きる楽しさになっていくような、生き生きとした自分らしい生活が送れる環境設定や支援方法を考えていくことが重要である。母親の望むわが子の今後、A氏の望む生活について再度検討していきたい。

(4) 考察

　本事例は、施設で暮らす親亡き後の障害者支援をどのように展開していけばよいか考えるものである。

　障害の違いはそれぞれ異なるが、このA氏と母親のように、障害者支援を考えていく上で様々な課題がある。

　事例の、母親のA氏への関わり方を考えると、早い段階からの対応を行うことで違う展開も予想される。一見すれば母親自身のエゴで、子どもの可能性を閉ざしているかのようにも思われる。しかし、この家族が生きてきた時代背景、母親として精一杯わが子を自分の手で育て、守っていかなければという強い意志とも取れる部

分にも支援者として十分に共感・理解を示し、関わっていくことが重要であると言える。

　多くの親たちが障害のあるわが子の将来を案じている。人は、それぞれ生きてきた環境や過程も違えば思いも違う。目の前の事象だけに捉われるのではなく、当事者達の思いにも十分に耳を傾け、画一的な支援とならないよう考えていくことが必要である。

　障害がある方たちが、家族も本人も安心して、その人らしく生活できる環境の提供とはどのようなものか考えていくことが重要であり、支援者として考え続けていって欲しい。

2. 障害福祉サービス事業所での利用者支援の実際

　本節では、障害福祉サービス事業所のサービスを利用し、地域で自立した生活を目指す青年の事例を取り上げる。事例では、「障害者総合支援法」で定められたサービスを中心に取り扱い、就労継続支援B型のサービスを提供する事業所としての支援の方向性、及び支援内容を個別支援計画書に記している。

　まず、障害福祉サービス利用までの流れを確認しておく。申請者は障害支援区分認定を受け、市区町村において、障害支援区分や本人・家族の状況、利用意向、サービス等利用計画案などを踏まえ、サービスの支給量等が決定される。そして、指定特定相談支援事業所の相談支援専門員等によってサービス等利用計画書が作成され、申請者はサービスの提供事業所と契約を結びサービスの利用が開始される。各事業所は、サービス等利用計画書等の資料や本人・家族等の情報を元に、利用者がその事業所のサービスを利用する中で、利用者の望む生活の実現に向けて、アセスメントし、個別支援計画を作成する。そして、その計画書に沿って、事業所全体で統一した支援をしていくという流れを前提とする。

　以下で使うシート1〜3（基本情報）、シート5（個別支援計画書）は、日本相談支援専門員協会編『サービス等利用計画評価サポートブック』の書式を一部改変し作成している。実際に、個別支援計画書は、事業所毎に、厚生労働省や日本相談支員専門員協会などの書式を改良し作成していることが多いようである。

　では、シート1〜5（表16-7〜16-11）に目を通し、Kさんや家族が望む生活とは

どういったものなのか、それを実現するために何が必要か、どういった目標を立て支援していく必要があるのかを考えてみよう。そして、シート1〜5の情報をもとに、表16-12の個別支援計画書を作成し、利用者の今後の生活について考えてみよう。事例の概要やフェイスシートなどには、これまでの経過や現在の状況がイメージしやすいように詳しく記している。

　個別支援計画では、Kさんが利用しているサービス事業所の就労継続支援B型事業所、短期入所施設、移動支援事業所毎にどういった支援が必要であるか考えてみるのもよい。

(1) Kさんの個別支援計画作成に関係する法律、制度、サービス等の解説

1) 障害者総合支援法とは

　「障害者総合支援法」第1条は「障害者及び障害児が基本的人権を享有する個人としての尊厳にふさわしい日常生活又は社会生活を営むことができるよう、必要な障害福祉サービスに係る給付、地域生活支援事業その他の支援を総合的に行い、もって障害者及び障害児の福祉の増進を図るとともに、障害の有無にかかわらず国民が相互に人格と個性を尊重し安心して暮らすことのできる地域社会の実現に寄与することを目的とする」と定めているように、障害の有無に関わらず、等しく人格や個性が尊重される社会生活の実現を目指し、障害者及び障害児が可能な限り地域において、必要な日常生活又は社会生活を営むための支援を受けられるように制度が創設されている。

2) 障害福祉サービス事業所とは

　「障害者総合支援法」第5条によれば、障害福祉サービス事業は障害者支援施設等の施設入所支援等を除く障害福祉サービスを行う事業であり、その障害福祉サービス事業を行う事業所が障害福祉サービス事業所である。ただし、障害福祉サービス事業所という語について、指定を受け障害福祉サービスを提供する事業所・施設一般について用いることもあり、この場合、障害者支援施設のような施設入所支援を含んだ意味でも障害福祉サービス事業所と言われている。

3) 障害者総合支援法の障害福祉サービス

イ）短期入所（第5条第8項）

居宅においてその介護を行う者の疾病その他の理由により、障害者支援施設その他の厚生労働省令で定める施設への短期間の入所を必要とする障害者等につき、当該施設に短期間の入所をさせ、入浴、排せつ又は食事の介護その他の厚生労働省令で定める便宜を供与することをいう。

ロ）就労継続支援（第5条第14項）

通常の事業所に雇用されることが困難な障害者につき、就労の機会を提供するとともに、生産活動その他の活動の機会の提供を通じて、その知識及び能力の向上のために必要な訓練その他の厚生労働省令で定める便宜を供与することをいう。

雇用契約を結ぶA型と、雇用契約を結ばないB型がある。

ハ）共同生活援助（第5条第15項）

障害者につき、主として夜間において、共同生活を営むべき住居において相談、入浴、排せつ又は食事の介護その他の日常生活上の援助を行うことをいう。

4) 地域生活支援事業

障害のある人が、基本的人権を享有する個人としての尊厳にふさわしい日常生活又は社会生活を営むことができるよう、地域の特性や利用者の状況に応じた柔軟な事業形態による事業を計画的に実施する。

イ）移動支援

社会生活上必要不可欠な外出及び余暇活動等の社会参加のための外出の際の移動を支援する。通勤、営業活動等の経済活動に係る外出では利用できない。

(2) 支援の実際

「就労継続支援B型の利用を通した社会生活能力向上・自立生活に向けた支援」
①事例の概要　シート1〜4（表16-7〜16-10）
②個別支援計画書　シート5（表16-11）

216

表16-7　シート1[1)]

◎事例：就労継続支援B型の利用を通した社会生活能力向上・自立生活に向けた支援

1．事例の概要

　特別支援学校を卒業後、障害福祉サービス事業所のC事業所で就労継続支援B型を利用し、約10年が経つ。重度の自閉症で、言葉でのコミュニケーションがとれず、サービスの利用開始当時は、自分の思うようにならない時や、スケジュールが理解できない時など、奇声を上げ周りの利用者や職員を突き飛ばしたりすることもあった。しかし「どこで、何を、どのくらい」すれば良いのかを視覚的に提示し、ルーティン化することで事業所での過ごし方を理解し、落ち着いて作業や食事、余暇活動等ができるようになってきた。事業所外では移動支援を利用し、余暇活動を通し、楽しみながら社会生活のルールや過ごし方を学んでいる。また、親亡き後のことを考え、短期入所を利用し、日常生活動作（食事・排泄・入浴など）が自立できるように支援したり、生活環境の変化に対してもパニックが起きないように、様々な経験を積み重ね支援している。本人は、サービスを利用しながら今の生活を続けたいと思っている。家族は、親亡き後は、施設ではなくグループホーム（共同生活援助）での生活を考えているが、今はできるだけ長く自宅で一緒に暮らしたいと思っている。事業所への要望は、今のうちに身の回りのことは自分で行ったり、自分の意思を伝えられたり、社会生活を送る上でのルールやマナーを習得し、どこで暮らしても困らないように生活能力の向上を図ることである。

2．利用者の状況

年齢・性別	K氏　　28歳　　　男性
障害の状況	自閉症　　　療育手帳A　　　障害支援区分4
経済状況	父親の収入および母親のパートの収入で、経済状況としては安定している。
健康状況	てんかん発作あり、睡眠不足やストレスが強くかかった後などに起きることがあるが、最近発作は起きていない。年、数回起きることがある。軽い時は、目を開けたまま身体がかたくなり、30秒から1分程度意識を失う。重い時は、大きくけいれんした後、意識を失う。抗てんかん薬を服用している。
家族状況	両親、姉（姉は結婚し隣町に居住）
利用者の主訴	住み慣れた場所で、自分の好きなことをしながら暮らしたい。工賃をたくさん得て、ジュースや好きな物を自分で買うことができるようになりたい。
特記事項	

3．相談にいたる経緯

　特別支援学校の高等部卒業時、コミュニケーションの問題やこだわり行動、パニック等があり、一般の就職は難しい状況であった。父親は電気関係の自営業をし、母親はパートタイム、姉は銀行に勤めており、昼間家族が見れない状況であった。しかし、施設には入れたくないという強い思いもあり、昼間の障害福祉サービスの利用等を検討し、D相談支援センターに相談する。そこで、C事業所を紹介され、見学や体験利用を重ね、就労継続支援B型での利用が決まり、現在に至る。

4．具体的支援の経過

　サービス利用当初は、他の利用者とともに、クリーニングから戻ってきたタオルを大中小に分け、袋詰めをする作業を行う。大中小に分けるのは難しいため、小のタオルだけ選び、しわを伸ばして、箱いっぱいに詰める。箱いっぱいが一袋分の目安になり、職員が数えて袋詰めを行うという形をとる。当初は、周りが気になったり、お茶が飲みたくなり立ったり座ったりすることがあったが次第に作業の継続時間も長くなった。5、6年後には軽作業ができるようになり、ボールペンの組み立てもできるようになる。組み立てたボールペンを箱に詰めると10本（1セット）になるようにし、10セット終わると、自らヴォカ（携帯用会話補助装置）を押し、「終わりました」と音声で合図が送れるようになった。また、「お茶をください」という音声も録音し、昼食や余暇活動などでお茶がほしいときに意思表示できるようになってきた。しかし、その回数が多いこともあり、制限すると奇声をあげ怒ることもある。現在は、ネジにゴムパッキンを入れる作業を覚えている最中である。

　その他、家族から日頃運動不足になりやすいので、できるだけ体を動かせる機会を作ってほしいという要望があり、水、金の午後は余暇活動として、登山や散歩、プール利用、ドライブ、近くのショッピングセンターでの買い物などを行っている。外出時には、信号が理解できないことや、レジ待ちができず前の人を押してしまうことがあるため、社会生活を送る上で、交通のルールや買い物時のルールなども守れるように支援していく必要がある。

日本相談支援専門員協会（2016）『サービス等利用計画評価サポートブック』を一部改変

表16-8　シート2[1]

基本情報（フェイスシート）

作成日	令和〇〇年〇月〇日	事業者名	C事業所	担当者	〇〇　〇〇

1．概要（支援経過・現状と課題等）

　　特別支援学校卒業後、C事業所で就労継続支援B型を利用し、約10年が経つ。自閉症で、発話によるコミュニケーションがとれず、書字も理解できないため、利用当初は周りの人が、本人の意に沿わない時は興奮し、トラブルを起こすことが多かった。意思疎通については、簡単な言葉は理解でき、「ウー、アッ」など返事ができる。事業所に入ってからは、絵カードやヴォカ（携帯用会話補助装置）の活用により、今からすることがわかったり、自分のしたいことを伝えたりできるようになり、施設の流れに沿った行動が取れるようになってきた。しかし、家族の迎えの時間が遅くなったり、急な予定の変更などには、興奮したり、落ち着かなくなったりすることがある。就労については、できる作業も増え、工賃を得てそのお金で、喫茶店に行ったり、好きなジュースを買ったりすることを楽しみにしている。家庭でも自分の生活のリズムがあり、リズムが乱れると落ち着きがなくなることがある。自分の部屋で本を見たり、テレビを見たり何かに集中できる時間は増えてきた。

　　今後の課題としては、両親が高齢になってきたため、親亡き後の生活について少しずつ確認しながら準備していく必要がある。現在は障害者支援施設の短期入所を約1年間利用し、生活環境の変化に慣れることや、日常生活動作の自立を支援している。しかし、C事業所とG障害者支援施設での連携は現在あまりできていない。

　　作業については、視覚的にわかりやすくし、作業を通してできることを増やしていく。例えば、自分がしたいことの意思表示ができたり、集中して物事に取り組める時間を増やしたりする。また、余暇活動の場面では、外出を楽しんだり、自分で好きなものが安全に買えるような支援を工夫していく。その他、F移動支援のヘルパーとは、休日の様子や、生活能力の向上等の支援についてなど今後も情報交換を密に取り、K氏の自立生活に向けた支援を考えていく。

2．利用者の状況

氏　名	K 氏	生年月日	平成〇〇年〇月〇日	年　齢	28 歳
住　所	〇〇県　〇〇市　〇町　〇番地			電話番号	〇〇〇-〇〇〇-〇〇〇〇
	［　持家 ・ 借家 ・ グループ/ケアホーム ・ 入所施設 ・ 医療機関 ］			FAX番号	〇〇〇-〇〇〇-〇〇〇〇
障害または疾患名	知的障害・自閉症・てんかん	障害支援区分	区分4	性別	男 ・ 女

家族構成　※年齢、職業、主たる介護者等を記入

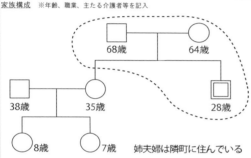

38歳　　35歳　　　　　28歳
8歳　　7歳　　姉夫婦は隣町に住んでいる

社会関係図　※本人と関わりを持つ機関・人物等（役割）

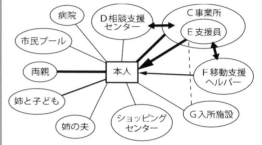

生活歴　※受診歴等含む

　〇年〇月、3,100ｇで正常出産。1歳半健診で、言葉の遅れ、視線が合わない、抱っこを嫌がる等がみられ、保健師より「少し遅れが見えるので様子を見ましょう」と言われる。2歳から市の親子教室に月2回参加。その中で、保健師より受診をすすめられ、医療センターを受診し、3歳で自閉症と診断される。その後、月2回の言語聴覚士によるリハビリを受けるが発話はできなかった。近所の保育所に通い、その後、地域の小学校に通うが、小学3年生で特別支援学校に転入し、高等部3年まで通う。通学は、交通ルールが理解できず事故等の危険があるため、両親が送迎する。特別支援学校卒業後、C事業所（就労継続支援B型）に通所し現在に至る。

医療の状況　※受診科目、頻度、主治医、疾患名、服薬状況等

〇〇診療所・・・てんかん
　　　　　　　（2か月に1回受診）
主治医・・・〇〇医師
内服薬・・・抗てんかん薬服用

本人の主訴（意向・希望）

住み慣れた場所で、自分の好きなことをしながら暮らしたい。
工賃をたくさん得て、ジュースや好きな物を自分で買うことができるようになりたい。

家族の主訴（意向・希望）

できるだけ長く家族とともに自宅で暮らせるようにしたい。
親亡き後のために、生活する場所を決めていきたい。
今のうちに少しでも社会生活のルールやマナーを覚え、どこで暮らすにしても困ることが少なくなるようにしてほしい。

3．支援の状況

	名称	提供機関・提供者	支援内容	頻度	備考
公的支援（障害福祉サービス、介護保険等）	就労継続支援B型	C事業所	○ 生産活動を通して、混乱なく時間を過ごしたり、自分で意思表示ができるように支援する。また、工賃を得て買い物をしたり社会生活を送るための能力獲得への支援をする。	月～金　週5日（9時～16時）	睡眠不足の際は、午前中ソファーで休んでもらう。
	短期入所	G障害者支援施設	○ 生活全般の支援（施設での基本的生活習慣、健康管理、余暇活動等）	月1回（2泊3日）	
その他の支援	移動支援	Fセンター	休日は、プール、登山、外食、ドライブ等本人の好きな活動を通し、リフレッシュしながら、体力作りや社会生活を送っていく上でのマナーを覚えられるよう支援する。	月8回　土曜日4回（10時～14時）　火曜日4回（16時～18時）	睡眠不足の際は、登山やプール利用などは避ける。

日本相談支援専門員協会（2016）『サービス等利用計画評価サポートブック』を一部改変

表16-9　シート9

週間計画表

| 利用者氏名 | K氏 | 障害支援区分 | 4 | 事業所名 | | C事業所 |
| | | | | 計画作成担当者 | | E支援員 |

時刻	月	火	水	木	金	土	日	主な日常生活上の活動
6:00							起床・朝食	○生活習慣は規則正しい生活が送れている。22時就寝、7時起床で夜間しっかり眠れているとてんかん発作も起こともどない。
8:00	起床・朝食	起床・朝食	起床・朝食	起床・朝食	起床・朝食	起床・朝食	家族と散歩	○平日は、起床後、洗面、食事は見守りがあれば自分でできる。その後、家族の送迎で通園する。
	家族送迎	家族送迎	家族送迎	家族送迎	家族送迎	外出準備		
	通所・朝礼	通所・朝礼	通所・朝礼	通所・朝礼	通所・朝礼			○事業所では午前と午後に2時間の作業を行う（ボールペンの組み立て、ネジのゴムパッキンなど）。
10:00	作業	作業	作業	作業	作業	移動支援	家族と過ごす（買い物・ドライブなど）	
12:00	昼食・休憩	昼食・休憩	昼食・休憩	昼食・休憩	昼食・休憩			○作業の前後や昼食の前後などトイレの声かけをする。股間のトイレの辺りを触ることもともトイレのサインなので声を入れる。
14:00	作業	作業	余暇活動	作業	余暇活動	自分の部屋でゆっくりする		○飲み物にこだわりが強く、いくらでも飲もうとするため注意を要す。
16:00	帰宅準備・終礼	帰宅準備・終礼	帰宅準備・終礼	帰宅準備・終礼	帰宅準備・終礼			○水曜日と金曜日の午後は余暇活動で、山登り、プールなどのプログラムを組んでおり本人も楽しみにしている。
	家族送迎	移動支援	家族送迎	家族送迎	家族送迎			
18:00	夕食	夕食	夕食	夕食	夕食	夕食	夕食	○火曜日のみ移動支援を利用し、通園後にショッピングセンターや公園に寄って帰宅する。
20:00	入浴	入浴	入浴	入浴	入浴	入浴	入浴	○土曜日は移動支援で余暇活動を楽しむ。日曜日は家族とゆっくり過ごす。
	テレビ	テレビ	テレビ	テレビ	テレビ	テレビ	テレビ	
22:00	就寝	就寝	就寝	就寝	就寝	就寝	就寝	○スケジュールの変更が苦手なので急な変更は避ける。
0:00								週単位以外のサービス
2:00								○月一回短期入所を利用している。利用する場合は、金曜日の晩から日曜日の昼まで利用する。
4:00								○短期入所では、軽作業を行ったり、余暇活動をしたり、施設の生活活動の流れに沿った支援を受けている。

日本相談支援専門員協会（2016）『サービス等利用計画評価サポートブック』を一部改変

219

表16-10　シート4[2]

K氏のアセスメント表（例）

1　心身の状態（心身機能・身体構造/健康状態）

1	障害支援区分	4
2	障害の状況	療育手帳A
3	現在の主な疾患	自閉症・てんかん
4	服薬	抗てんかん薬（朝食後・夕食後）服薬介助
5	平常時のバイタル	体温：36.2℃　　脈拍：60〜70回/分　　血圧：110/70
6	その他	身体的機能には特に問題なく元気に過ごしている。健康に対しては特に意識している様子はなく、水分を制限しなければいくらでも飲んだり、しょうゆを多量にかけたりすることがある。風邪をよくひく。

2　日常生活の状況（活動）

7	家事	食堂で配膳、下膳は自らできる。食器の片付けなどは見守りが必要。
8	移動	運動能力は高く、走ったり飛び跳ねたりするのが好きである。前に人がいるのを嫌がり、つき飛ばしてしまうことがある。道路上の白線やマンホールのふたなど仕切りがあるところで、立ち止まって動けなくなることもある。
9	身じたく	洗顔・髭剃り・歯磨き・手洗いなど自分でできるが丁寧にしないので、きちんとできていないときは介助を要す。季節に合った服を選ぶことはできないが、準備された服は自ら着ることができる。シャツの裾が出たり、チャックが開いていたりすることがある。
10	食事	箸を使って、全量摂取できる。水分を摂りすぎることがある。濃い味を好み、しょうゆや塩を多量にかけることがある。 好きな物：コーヒー、パン　　嫌いな物：にんじん
11	排泄	尿意・便意はあり自らトイレに行くことができる。股間をさわったり、落ち着かなくなったりするときは声を掛ける必要がある（洋式に座る）。
12	入浴・清潔保持	家では父親と入っている。ほとんど自分で洗うことができる。体に触れられるのが嫌いである。
13	睡眠	夜間は良眠。日中にストレスがかかったり、寝る場所が変わったりすると不眠になる。
14	コミュニケーション	発語はないが、「ウー、アッ」やうなずきで返事はできる。簡単な言葉は理解できる。文字の理解はできない。絵で書いたものはある程度理解できる。ヴォカ（携帯用会話補助装置）を活用し、作業の始まりと終わりや、お茶の要求などができる。

3　豊かさ（参加）

16	意欲・生きがい	ボールペンの組み立て作業は黙々とこなし得意である。体を動かす活動には意欲を見せる。
17	余暇の過ごし方	休憩時間は、いすに座り、雑誌を見ていることが多い。山登りや水泳など体を動かすことが好きである。家では雑誌を見たり、テレビを見たりしている。
18	役割	元気に、納品等重い荷物を運び、他者から感謝されることがある。

4　環境（環境因子）

19	生活環境	作業は、周りが見えないように仕切りを利用している（集中しやすいようにするため）。自宅では、自分の部屋がある。
20	生活に必要な用具	絵カード（生活の手順などを描いた物）、ヴォカ（携帯用会話補助装置）、雑誌。
21	経済状況	障害基礎年金（1級）、工賃は月約8,000円程度。
22	サービスの利用状況	就労継続支援B型（週5日）、短期入所（月1回）、移動支援（月8回）

5　その他（個人因子）

23	価値観・習慣	急な予定の変更や、いつもと違う状況になると落ち着かなくなる。臨機応変な対応が苦手。E支援員のことは信頼しており、E支援員が近くにいると穏やかな表情をみせる。
24	性格	おとなしい性格であるが、不安なことがあるとイライラすることがある。
25	特技	ボールペンの組み立て、水泳。
26	生活歴	両親と姉と4人で暮らしていたが、姉が結婚し現在は両親と3人で暮らしている。姉と姉の子どもとは仲が良い。姉の夫とは関わりは薄い。
27	1日の過ごし方	7時に起床し、9時に事業所に登園する。午前・午後と2時間作業を行い、17時頃に家に帰り、テレビや雑誌を見て過ごす。土曜日は、移動支援で余暇活動を楽しみ、日曜日は家族とゆっくり過ごしている。

中央法規（2015）『新・介護福祉士養成講座9　介護過程』〈第3版〉アセスメント表を一部改変

表16-11 シート5

個別支援計画書

利用者氏名	K氏	障害支援区分	4	計画作成担当者	D支援員

アセスメントから導き出された生活の課題（ニーズ）に基づき、個別支援計画を作成する。

利用者及びその家族の生活に対する意向（希望する生活）	○住み慣れた場所で、自分の好きなことをしながら暮らしたい（本人）。 ○工賃をたくさん得て、ジュースや好きな物を自分で買えることができるようになりたい（本人）。 ○できるだけ長く家族とともに自宅で暮らせるようにしたい（両親）。 ○障害を待つことなく、人に合わせることなど、状況に合った行動が取れるようにしていってほしい（両親）。

> 本人が希望することや望んでいる生活を記入する。言葉で言えない場合は、絵カードや日頃の様子、コミュニケーションの中で読み取るようにする。計画者の推測だけにならないように注意。家族の意向も記入する。

総合的な支援の方針	○安心できるの生活を継続し、できる作業を増やし、そのお金で、自分の好きな物が買えるようにします。 ○日課の大切さを持って、状況に合った活動などができる力を身につけていってほしい。

> 本人の意向を前提に、アセスメントから導き出されたニーズを踏まえ施設全体としての支援の方向性を記す。施設サイドだけの一方的な方針ではなく、利用者・家族の同意を得て、共に協力し合える支援となるようにする。

優先順位	解決すべき課題（本人のニーズ）	支援目標（長期目標）	支援目標（短期目標）	担当職種	日時	場所	期間
1	工賃をたくさん得て、好きな物を自分で買えるようになりたい。 [実施の手順と留意点] 朝の作業、昼の作業共に新しいパッキングの作業を行うため、不安になってしまったり彼れたり、まず集中しやすい朝の作業時にパッキングの作業をし、継続できるようにする。昼からの作業は… 1）まずはパッキングをネジに入れる動作を覚えられるように声かけをしながら見本（視覚的に分かる見本）を見せる（終わりまで続けて行うかを本人に聞く）。 2）終わりが分からないように、ケースを並べるのくらい作業をする。	作業種目を増やし、安定した工賃を得る。好きな物を自分で買えるようにする。（○年○月～○年○月）(6か月) 長期目標は概ね6か月～1年。短期目標は1か月～6か月を目安とするが、達成できるまでの期間を記すので、早く達成の見込みが多い時、緊急性が高い場合などは短く設定する。	パッキングの作業動作を覚え、集中してできるようになる。（○年○月～○年○月）(3か月)	支援員	10:00～12:00 13:00～15:00	作業室	（○年○月～○年○月）(3か月)
2	ショッピングセンター内でも好きな物を自分で買うことができるようになりたい。 [実施の手順と留意点] ショッピングセンター内は、職員と一緒に歩けるように見守る。（並んで歩く姿に… レジでの支払いについて 1）他の客に近づきすぎないよう、順番を抜かさない、先に支払おうとする場合などは声かけをし、順番を守ってもらう。 2）財布の中から、お金を取り出し、自分で店員に渡す。 3）おつりやレシートを店員から受け取り、自分で財布に… ショッピングセンター以外の活動時にはコンビニや喫茶店利用時などで支払いの機会をもつ。 レジ以外でも昼食前の手洗いの時も、集団で行動する際や順番が守れるよう見守り、通常、声かけ等で促すのように工夫する。	ショッピングセンター内でも買い物が落ち着いて行動でき、自分で買い物ができるようになる。（○年○月～○年○月） 目標は達成できる見込みがあるものにし、達成できる見込みがある場合と、利用主体の「～する」「～できる」ように、ここでは利用者主体の書き方に統一する。表現方法は支援者主体である場合と様々であるが、…	順番を待ちレジでの支払いができるようになる。	支援員	買い物時 （水・金午後 余暇活動時）	ショッピングセンター	（○年○月～○年○月）(3か月)
3							

> ここでは、アセスメントでわかったニーズに対して、本人の立場で「～したい」と表現する。場合によっては、原因や理由など具体的な責任を書くこともある。

> 支援を行う人を記す。支援内容によっては、関係職種を列挙するなど多職種協働（チーム）アプローチも意識する。

> この書式では短期目標と同じように設定している。一般的な評価し計画を見直すまでの期間を記す。

> 支援内容はできるだけ具体的に記す。この方法・手順で行うと目標が達成できると いう内容を心がける。誰が見ても支援ができるように。（1～3か月）

> 職員の支援内容だけでなく、本人の行動や目標を達成するための具体的行動なども記すとわかりやすくなる。

> 時間だけでなく、曜日や、活動時間の総称など、いつにするのかわかるように記す。

> 支援を行う場所を記す。場所が特定できる場合など具体的に記す。

> 解決すべき課題がたくさんある場合は、つけ足す。短期入所施設との連携等も課題にあがってくると思うが、今回は用紙の都合でニーズの2番目までとする。

日本相談支援専門員協会（2016）『サービス等利用計画評価サポートブック』を一部改変

221

表16-12　個別支援計画書

個別支援計画書

作成年月日：　　年　月　日

利用者名　＿＿＿＿＿＿＿＿

総合的な援助の方針	
長期目標（内容、期間等）	
短期目標（内容、期間等）	

○支援目標及び支援計画等

支援目標	支援内容 （内容・留意点等）	支援期間 （頻度・時間・期間等）	サービス提供機関 （提供者・担当者等）	優先順位

令和　　年　月　日　利用者氏名　＿＿＿＿＿＿＿＿　印　サービス管理責任者　＿＿＿＿＿＿＿＿　印

出典　表15-6に同じ

(3) Kさんの個別支援計画の方向性

　Kさんは、自閉症の特徴でもある、1) 発話ができなかったり、うまく自分の意思を相手に伝えることができなかったりするコミュニケーションの問題、2) レジでの順番が守れなかったり、交通のルールがわかりにくかったりする社会性の問題、3) 次の行動がわからなかったり、急な予定の変更で落ち着かなくなったりする、想像力の問題などが生活上見られる。しかし、事業所の就労を通して、集中力が高まり、落ち着いて何かをしながら時間を過ごすことができるようになった。絵カードやヴォカ（携帯用会話補助装置）を活用することで、自分の意思を職員や仲間に伝えることができるようにもなってきた。そして、できる作業も徐々に増え、事業所では、穏やかな表情で、日課に沿いながら自分のペースで過ごせるようになっている。そういった今までの経過を把握し、また現在の状況「している活動」や「できる活動」をしっかりアセスメントし、本人の望む生活に向け、本人のもっている能力をさらに向上させていく支援が求められる。

　計画を作成する場合は、事業所内での生活の課題が中心になりやすいが、まず、本人の意向を汲み取らなければならない。自閉症等コミュニケーションの障害により、本人の意向やニーズを把握しにくい場合も多いが、家族だけでなく、特別支援学校の担任の先生や、他サービス関係者、友人などからも情報を得たり、日中の過ごし方や表情の変化、本人ができる意思表示などもキャッチしたりするなど、様々な視点から本人の意向やニーズを把握する必要がある。計画者が「このようになれば良いな」と思う支援者本位の計画になったり、家族の意向のみが反映された計画になったりすることもあるので、利用者を第一とする、利用者本位の目標設定をし、本人らしい生活、本人が望む生活に向けた計画が作成できるように注意してほしい。

(4) 今後の課題

　Kさんの事例は、両親が高齢になるにつれ、親亡き後についても考えていく必要がある。障害者とともに生活する家庭には、親亡き後の問題は大きな課題となる。家族も利用者本人も、少しでも長く自宅で一緒に過ごしたいと思うのは当たり前のことだと考えるが、両親の調子が悪くなってから次の生活を考えたり、両親が高齢になってしまってから「どうしたらよいか」と考えてしまったりすることが多いの

も事実である。最悪の場合、今後のことを何も決めていないまま、親が不慮の事故や病気で亡くなるケースも珍しくない。そうすると、たちまち障害者本人の権利が守られないとか、安定した生活が確保できないなどの権利擁護の問題がでてくる。そのため、就労継続支援の事業所であっても、本人や家族と将来の生活について話し合い、準備をしていくことも考えていく必要がある。Kさんの事例では家族の理解もあり、今後の生活を見据え、短期入所の利用で、自宅以外の場所で生活する練習ができているため、今後は自立生活能力の向上の程度により、グループホーム（共同生活援助）の利用に移行していくことなども考えられる。このように、本人のもっている能力を高めながら、社会の中で自立した生活を送れるように考える視点が大切になってくる。

　今回示した個別支援計画書は、すべての課題について網羅できているとはいえず、就労継続支援B型の事業所内で、現状必要と思われる1例を挙げたにすぎない。そのため、読者が事例を読みながら、まずは、その人の立場に立って考え、その人らしい生活はどんな生活か、その生活を実現するための生活の課題（ニーズ）は何なのか、そしてその課題を達成するために、「どのような目標で、どのような支援をすることが、望む生活の実現を可能にするのか」ということを考える題材としてもらえれば幸いである。

注

1) シート1、2、3、5　日本相談支援専門員協会編（2016）『サービス等利用計画評価サポートブック』より一部改変
2) シート4　介護福祉士養成講座編集委員会編（2015）『新・介護福祉士養成講座9　介護過程』〈第3版〉中央法規　よりアセスメント表を一部改変

参考文献

◆第16章1.

松端克文（2004）『障害者の個別支援計画の考え方・書き方―社会福祉施設サービス論の構築と施設職員の専門性の確立に向けて』日総研

大橋徹也（2016）『福祉サービス利用者における個別支援計画に関する実践研究―支援者、当事者、家族の視点から』みらい

谷口明広・小川喜道他（2015）『障害のある人の支援計画―望む暮らしを実現する個別支援計画の作成と運用』中央法規

植田章・峰島厚 (2004)『障害者生活支援システム研究会　個別支援計画をつくる　利用契約制度と障害者ケアマネジメント』かもがわ出版

大阪障害者センター・ICFを用いた個別支援計画策定プログラム開発検討会編 (2014)『本人主体の「個別支援計画」ワークブック　ICF活用のすすめ』かもがわ出版

日本相談支援専門協会 (2013)『平成24年度厚生労働省障害者総合福祉推進事業「サービス等利用計画の評価指標に関する調査研究」サービス等利用計画作成サポートブック』
http://nsk09.org/_src/1669/h24_supportbook_130523.pdf　〈2017年3月1日〉

大阪府障がい者自立支援協議会 (2012)『大阪府相談支援ガイドライン』
http://www.pref.osaka.lg.jp/chiikiseikatsu/shogai-chiki/soudanshienguideline.html
〈2017年3月1日〉

厚生労働省「サービス等利用計画・障害児支援利用計画等様式 (例)」
http://www.mhlw.go.jp/seisakunitsuite/bunya/hukushi_kaigo/shougaishahukushi/kaigi_shiryou/dl/20120220_01_04-04.pdf〈2017年3月1日〉

◆第16章2.

日本相談支援専門員協会 (2016)『サービス等利用計画評価サポートブック』
http://nsk09.org/_src/1669/h24_supportbook_130523.pdf　〈2017年2月28日〉

谷口明広・小川喜道他 (2015)『障害のある人の支援計画―望む暮らしを実現する個別支援計画の作成と運用』中央法規

大阪障害者センター・ICFを用いた個別支援計画策定プログラム開発検討会編 (2014)『本人主体の「個別支援計画」ワークブック　ICF活用のすすめ』かもがわ出版

日本知的障害者福祉協会編 (2004)『知的障害者のためのアセスメントと個別支援計画の手引き2004年度版―ひとり一人の支援ニーズと支援サービス』日本知的障害者福祉協会

松端克文 (2004)『障害者の個別支援計画の考え方・書き方―社会福祉施設サービス論の構築と施設職員の専門性の確立に向けて』日総研

全国社会福祉協議会 (2015)『障害者サービスの利用について　平成27年度4月版』
http://www.shakyo.or.jp/business/pdf/pamphlet_h2704.pdf　〈2017年2月28日〉

厚生労働省「障害福祉サービスの内容」
http://www.mhlw.go.jp/bunya/shougaihoken/service/naiyou.html　〈2017年2月28日〉

改訂版発行に寄せて

［コラム］海外福祉研修のすすめ——障がい者の地域生活に課題を感じて

八木慎一

　今このテキストを手にしている方はまだ学生の方が多いと思う。いずれ学校を卒業し、福祉現場で働くと、自分たちの行う「支援」が本当に子どもや障がい者の力になっているのだろうか？　と疑問を感じることがあるかもしれない。その時、あなたならどうするだろう？　今いる現場の中で、利用者の立場に立って改善できることもあるだろう。ただ、あなたの感じる疑問が、現場での工夫だけでは解決できない根本的な課題に突き当たっている場合もありうる。その時、海外の優れた実践から学ぶことは、その課題に取り組む上で道標になる。ここでその一例を紹介したい。

　私は障がい者の作業所で生活支援員として働いていた。そこで20代の障がい当事者Yさんと出会った。彼は電動車いすに乗り、ほぼ24時間の介助を受けながら、アパートで一人暮らしをしている。作業所では、地域の学校で自らの生活について講演するなど、活発に活動している。障がい者の意見を代表して語る様子をみると、自分のやりたいことをできているように見えていた。ある日、彼の排泄介助をしていると「施設に入りたい」と口にされたことがあった。思わず介助する手が止まった。自分の頭には、障がい者は大規模な入所施設に入ることが嫌で地域生活を始めたものというイメージがあったからだ。話を聞くと本人は「作業所は仕事を与えてくれるが、自分のやりたいことが見つからない。施設の方が楽だ」と話した。

　「やりたいことが見つからない」。確かに自分の生き方を自分で決めることは簡単なことではない。それは障がいのない若者であっても同じだ。ただ障がい者の場合、それは特に困難な道のりになる。一番の理由は、彼／彼女らが様々な経験を積めていないからだ。例えば、障がい者の中には成人するまで一度も電車に乗ったことがない人がいる。自分で自分の服を選んだことのない人もいる。身体の障がいのために自分からできないこともあるが、周囲から「できない」と認知され、生活に関する経験を積めていないこともある。その結果、自分に何が出来て／できないのかも把握できずに大人になっていく。そのような環境や周囲の関わりの中で育ち、大人になってから「作業所でどんな活動をしたい？」「自分らしく生きていいんだよ」と言われても、どう答えていいかわか

らないのは当然だろう。

　それではどうすれば、彼／彼女らが自分の夢や目標を持ち、さらにその目標に近づけるような支援をしていけるのだろう、と考え始めるようになった。その時、アメリカの「若者の移行サービス（Youth Transition Services）」を知った。そのサービスの基盤となる考え方はこうである。

　　若者（youth）から成人（adulthood）への移行は全ての若者にとって決定的に重要である。このことは、障がいのある生徒や若者に特にあてはまる。理想的には、その移行期間に、若者は彼らの住む地域において自立と自己充足感を最大化する必要のあるスキルを習い、知識を獲得する。（FPT2016）（傍点部筆者）

　移行サービスでは、障がいのある若者が成人した後に地域で生活していくために、他の若者以上に支援を必要としていることが示されている。では、具体的にどのようなサービスが提供されているのか。自分の目で見て、学びたい。そう思い、海外での研修事業を行っている助成金交付団体に応募し*、アメリカで1か月半、実際のサービスを学ぶことができた。

　アメリカには多種多様な移行サービスがあるが、その一例として、イリノイ州シカゴ市にあるIllinois Center for Rehabilitation and Education Roosevelt（以下、ICRE-R）を紹介したい。肢体不自由児者を専門にしており、対象年齢は18歳から22歳までで、その内の2年間利用できる。費用は国から拠出され、無償である。授業内容は、買い物や調理、金銭管理など生活に関わることから、障がい当事者の運動、権利、制度まで、生徒一人一人の希望や必要性に応じて、個別のカリキュラムが組まれていた。誰一人として同じ時間割はない。日本の特別支援学校などとの大きな違いと感じたのは、学校の外に出て、実際の社会で学んでいたことだった。例えば「移動訓練（Mobility）」の授業では、二分脊椎の障がいがある車いす利用者がバスを利用して、衣料品

＊　私が利用した研修事業は、清水基金の海外研修事業である。障がい福祉分野を対象に1か月コースと3か月コースがある。それぞれ100万円、200万円の助成金を得ることができ、渡航費や宿泊費、生活費などを賄うことができる。他に社会的養護分野では、資生堂社会福祉事業財団が海外研修事業を行っている。中央競馬馬主社会福祉財団は、社会福祉全般の研修を受け付けている。

店で買い物をする練習をしていた。発車時間の調べ方、乗り方、店内での非常口の確認方法、商品の探し方、予算内で複数の商品を買うことなどを教員の見守りのもと実践していた。一人でも安全に外出が可能と判断されると、その後は教員の付き添いなしで外出して、行動範囲を広げていく。教員は見守りに徹しており、「彼ら（生徒）には彼らの頭があるのよ。彼らが自分で考えてどこに行くか選ぶの。そういうチャンスがここに来る前までにはない子が多いのよ。親は教えないわ」と語っていた。健常な生徒であれば当たり前のように覚えるバスや電車の乗り方も、障がいがあることで見過ごされる場合がある。それを公教育という形で補うのがICRE-Rの役割ということであった。

　なぜ実社会の中での体験を重視するか。それは、移行サービスの目標が、学ぶことそれ自体ではなく、「卒業後の自分らしい生活」につながることに設定されているからだった。現地の教員に、私が日本の障がい者の現状を相談すると、移行支援の教科書（『Planning for Youth Transition from High School to Adult Life』）を見せてくれた（図1参照）。

　移行支援では、一人一人の障がい者が「教育」「仕事」「地域」「家」「事業所」のそれぞれの場面でどんな状態が好ましいのかを明確化していく。そしてこの五つのピースが噛み合った状態を、「人生の質が高い状態」と定義し、「学校での学びを、その人の人生につなげていく」ことが、移行サービスを提供する教員の役割であるという。

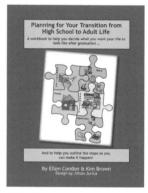

図1『Planning for Youth Transition from High School to Adult Life』の表紙

　移行サービスの成果はどのように現れているのだろうか。ICRE-Rの生徒に「卒業後何をやりたい？」と尋ねるとほとんどの生徒が明確に答えることができた。例えばDenzelさん（脳性麻痺、20歳）は、親戚が聖職者であり、その手伝いをしていることから将来司祭になることが夢で、それに加えてファッションが好きなことから衣服店で販売員としても働きたいと語っていた。また自分には何ができないか（例えば、病院の予約手続き）も100以上の質問項目に答えることから、教員と生徒自身が把握できるようになっていた。当然全ての生徒が卒業後就職につながるわけではない。ただ、日本の多くの若い障がい者とは異なり、夢を語り、自信をみなぎらせた様子から、将来への希望を抱いていることが伝わってきた。そして、中には電動車いすに乗った「重度」障がい者が、大リーグの球場で座

席案内をするなど、日本ではまずみられないような仕事をしているケースもあった。

写真1　ICRE-Rの生徒と

　アメリカのサービスを学び、そこで生きる障がい者と関わり、日本のそれと比較することで、日本の課題が見えてくる。障がい者が地域で自分らしい生活を築いていくためには、青年期に自分の能力や特性、理想や目標を明確化し、実社会の中で様々な経験を積むことが重要である。また、海外の福祉現場をみることで得られるものは、特定の課題への解決策だけではない。海外で異質な支援を体感すると、日本の福祉現場で行われていることと自分との距離を取りやすくなる。その距離が明日の日本の福祉を構想する視点になる。現場で何か疑問を感じた時、海外で学ぶことも一つの選択肢であることを覚えておいて欲しい。

引用文献

Federal Partners in Transition (FPT), 2016,『What to Know about Youth Transitions services for Students and youth with disabilities.』(https://www2. ed.gov/about/offices/list/osers/transition/products/fpt-fact-sheet-transition-services-swd-ywd-3-9-2016.pdf)

おわりに

　児童福祉法において、児童の定義は「満18歳に満たない者」となっています。つまり、支援の対象年齢は本来満18歳未満ということを意味します。しかし、児童養護施設等へ入所している児童に対して、たとえば高校3年生の途中の時期に、18歳の誕生日がきたからといってある日突然「施設を退所して下さい」というのは、あまりにも現実的ではありません。そこで、現在では必要な場合には措置延長できることとされていて、20歳に達するまで入所措置を延長できることとなっています。しかし、高校卒業時点までが多く、20歳まで延長されるケースは多くありません。さらに20歳であっても、大学にまだ在籍中のケースも最近では多いです。これらの現実的な生活状況にあわせて、措置延長の年限を「22歳未満」としようとする動きもあります。他国の例でいうと、ドイツでは措置の解除が26歳というケースもあるようです。

　いずれにしても、20歳となり、あるいは22歳となって、いよいよ施設を退所した後に、子どもたちがその後は自分一人の力でも生きていける、つまり「自立」していけることが重要です。退所後、自立できない子どもたちばかりだと、それまで一生懸命に養護してきた努力も無駄だったといえるかもしれません。このことは、入所していた元児童にとっても、入所児童を養護してきた施設保育士など専門職員にとっても残念なことです。

　退所後にしっかりと自立していくためには、入所当初から計画的に色々なことを進めていく必要があります。食事や洗顔、掃除や洗濯など自分の身の周りのことをはじめとして、早寝早起きなどの規則正しい生活習慣の習得、あるいは貯蓄などお金の管理方法を理解することなども、誰かに教えてもらえなければ子どもが自ら自然と身に付けることは多くの場合は困難です。そこで、これら自立に向けての援助において重要になるのが、「自立支援計画」です。各施設が子ども一人ひとりにとっての最善の自立支援計画を立てていくことが必須となりました。里親やファミリーホームにおいては、児童相談所が作成します。

　そこで本書では、実際の「自立支援計画書」の書式を提示し、それに沿って記入

することができるようにしました。どのような支援の内容が必要なのかを、年齢や
その子の状況に応じて検討できたでしょうか。また、障害のある子どもや、成人さ
れた方の「個別支援計画書」も作成できたでしょうか。これらの「自立支援計画書」
及び「個別支援計画書」の作成方法は、できれば施設への実習に出る前に、しっか
りとマスターして欲しいと思います。

　これから社会に羽ばたいていく子どもたち、施設で養育されている子どもたちは
もちろん、障害をもつ子どもなど全ての子どもたちが、自分の望む世界や生活を実
現できればという思いで本書を作成しました。また、施設保育士など保育者を目指
す学生さんをはじめ、全ての人に一度は目を通して欲しいという思いで本書の出版
が実現しました。

　最後に分担執筆して下さった諸先生方をはじめ、本書『社会的養護Ⅰ・Ⅱ 改訂
版』の刊行の機会を作って下さった翔雲社の溝上氏・池田氏にこの場をお借りして、
厚く御礼申し上げます。

2022年4月

監修者

小宅理沙

『社会的養護Ⅰ・Ⅱ改訂版』執筆者一覧 (2022年4月1日現在)

<監修>

小宅　理沙
こやけ　りさ
同志社女子大学現代社会学部子ども学科

<編集>

中　典子
なか　のりこ
中国学園大学子ども学部子ども学科

潮谷　光人
しおたに　こうじん
東大阪大学こども学部こども学科

今井　慶宗
いまい　よしむね
関西女子短期大学保育学科

<執筆>

中　典子……第1章・第11章・第6章4.
なか　のりこ
中国学園大学子ども学部子ども学科

伊藤　秀樹……第2章
いとう　ひでき
兵庫大学生涯福祉学部社会福祉学科

上續　宏道……第2章［コラム］
うえつぐ　ひろみち
四天王寺大学人文社会学部人間福祉学科

松浦　崇……第3章
まつうら　たかし
静岡県立大学短期大学部こども学科

島田　妙子……第3章［コラム］
しまだ　たえこ
一般財団法人児童虐待防止機構オレンジ
CAPO

小宅　理沙……第4章1.2.・第6章1.2.3.・
こやけ　りさ
第7章・第8章・第14章3.4.
同志社女子大学現代社会学部子ども学科

出口　顯……第4章［コラム］
でぐち　あきら
島根大学名誉教授

松井　圭三……第4章3.・第5章
まつい　けいぞう
中国短期大学総合生活学科

片岡　佳美……第5章［コラム］
かたおか　よしみ
島根大学法文学部社会文化学科

植村　梓……第7章・第8章
うえむら　あずさ
神戸元町こども専門学校

木塚　勝豊……第8章［コラム］
きづか　かつとよ
大谷大学教育学部教育学科

今井　慶宗……第9章・第11章3.・第15章［コラム］
いまい　よしむね
関西女子短期大学保育学科

槙尾　真佐枝……第10章
まきお　まさえ
倉敷市総合療育相談センターゆめぱる

中川　陽子……第12章
なががわ　ようこ
大阪成蹊短期大学

三木　馨……第13章・第14章1.
みき　かおる
西日本こども研修センターあかし

西川　友里……第14章2.
にしかわ　ゆり
白鳳短期大学総合人間学科

石川　義之……第14章［コラム］
いしかわ　よしゆき
島根大学名誉教授

潮谷　光人……第14章［コラム］
しおたに　こうじん
東大阪大学こども学部こども学科

小倉　毅……第15章1.
おぐら　たけし
兵庫大学生涯福祉学部社会福祉学科

小林　恵……第15章2.
こばやし　めぐみ
中国学園大学子ども学部子ども学科卒

中野　ひとみ……第16章1.
なかの
中国短期大学総合生活学科

名定　慎也……第16章2.
なさだ　しんや
中国短期大学総合生活学科

八木　慎一……巻末［コラム］
やぎ　しんいち
就労継続支援B型事業所「三休」就労支援員

233

監修　小宅理沙（こやけ　りさ）

同志社女子大学現代社会学部　助教（2018年4月～2022年4月1日現在）
科学研究費助成事業・基盤研究（C）「日本で生活するイスラム教徒への妊娠・出産・子育て支援」研究代表（2021年4月～）

主な著書・論文

『保育士・看護師・介護福祉士が学ぶ社会福祉』監修　現代図書　2019年
『INNOVATIVE EXPLORATORY RESEARCH』「Sexual victims — supporting women's sexual and reproductive choices and well-being」pp. 46–48　Science Impact社　2021年10月
『社会的養護 I・II 改訂版』監修　翔雲社　2022年

社会的養護 I・II 改訂版

2022年4月1日　第1刷発行

監　修	小宅　理沙
編　著	中 典子　潮谷 光人　今井 慶宗
発行者	池田 勝也
発行所	**株式会社翔雲社**
	〒252-0333　神奈川県相模原市南区東大沼 2-21-4
	TEL　042-765-6463　FAX　042-765-6464
	URL　https://www.shounsha.co.jp/　E-mail　info@shounsha.co.jp
発売元	株式会社星雲社（共同出版社・流通責任出版社）
	〒112-0005　東京都文京区水道 1-3-30
	TEL　03-3868-3275　FAX　03-3868-6588
印刷・製本	モリモト印刷株式会社

落丁・乱丁本はお取り替えいたします。
本書の一部または全部について、無断で複写、複製することは著作権法上の例外を除き禁じられております。

©2022　Risa Koyake, Noriko Naka, Kojin Shiotani, Yoshimune Imai
ISBN978-4-434-30257-2
Printed in Japan